母语
课堂
—
Muyu Ketang

·薛瑞萍母语课堂·

母语

薛瑞萍读教育理论

薛瑞萍 —— 著

江西教育出版社
·南昌·

赣版权登字-02-2022-243
版权所有 侵权必究

图书在版编目（CIP）数据

薛瑞萍读教育理论 / 薛瑞萍著. —— 南昌：江西教育出版社，2022.8（2024.4 重印）
（薛瑞萍母语课堂）
ISBN 978-7-5705-3101-1

Ⅰ.①薛… Ⅱ.①薛… Ⅲ.①教育理论 – 研究 Ⅳ.①G40

中国版本图书馆CIP数据核字（2022）第102352号

薛瑞萍读教育理论
XUERUIPING DU JIAOYU LILUN
薛瑞萍　著

江西教育出版社出版
（南昌市学府大道299号　邮编：330038）

出 品 人：熊　炽
责任编辑：曾　琴

各地新华书店经销
江西千叶彩印有限公司印刷
700 毫米 ×1000 毫米　　16 开本　　14.5 印张　　201 千字
2022 年 8 月第 1 版　　2024 年 4 月第 2 次印刷

ISBN 978-7-5705-3101-1
定价：40.00 元

赣教版图书如有印装质量问题，请向我社调换　电话：0791-86710427
总编室电话：0791-86705643　　编辑部电话：0791-86708350
投稿邮箱：JXJYCBS@163.com　　网址：http://www.jxeph.com

把世界带进教室

一

"母语课堂"丛书初版于2016年。这次修订再版,将《诵读课》《吟诵课》更换为《薛瑞萍教学设计与实录》和《在家读诗》。如此,这套书就成为连续四届——连续17年的学习与工作记录。编辑希望我做一个说明,于是有了这一个总序、这段再回首。

二

遥想1997年暑假,第一次参加继续教育培训。一日上午,全科教师集中于合肥师范学校礼堂上大课。七八百名学员,齐聚一堂;没有空调的会场,热浪滚滚。

啊!那真是一个宽松、浪漫而野蛮生长的神奇年代。我怀念,我赞美!就在我满怀敬意的注视与谛听中,台上那位可敬的省教研员,她一边擦汗,一边声嘶力竭地讲。坐在后排的我,隔着滚滚热浪听见——越来越清晰地听见:

"……基础教育课程改革,试验……新课标,征集意见……教材只是个例子。教师和学生是平等的,师生与教材也是平等的。教师有权利对教材提出质疑,有责任引导学生在课堂上围绕教材展开讨论,并将其他丰富、优质的学习材料引进课堂。学生的大脑不是容器。他们需要的不是填充,而是激活和点燃……"

当时坐在后排的我,既想撇嘴,又想大笑;既想鼓掌,又想握手!教育本该如此!而我,一直都是朝这个方向努力的。只是没有得到过如此明晰、如此有力的引导,如此明晰、如此有力的支持。那一刻,是我职业生涯中的重要时刻。那年我32岁。

下课了,我逆人流而上挤到后台,想与老师继续交流。老师一边擦汗,一边鼓励:"最好把你的做法记录下来,你也可以投稿。课程改革的关键是教师……"

被唤醒,被激活,被摇撼;发誓求真知,讲真话,做真教育;发愿在追逐理想的路上走到底。那些年,有过类似体验的青年教师太多。《薛瑞萍教学设计与实录》记录的是2004年春季第12册语文的教学,是一个教师的个人记录,是"课程改革那一届"的成长总结,也是时代的一道辙痕。

之后的岁月里,每当我感觉孤独虚无,怀疑付出与努力是否值得的时候,就会忆起那天上午的大课,同时想起1932年6月毕业季,胡适先生《赠与今年的大学毕业生》中的一番话:

> 我们要深信:今日的失败,都由于过去的不努力。我们要深信:今日的努力,必定有将来的大收成。

> 佛典里有一句话:"福不唐捐。"唐捐就是白白地丢了。我们也应该说:"功不唐捐!"没有一点努力是会白白地丢了的。在我们看不见想不到的时候,在我们看不见想不到的方向,你瞧!你下的种子早已生根发叶开花结果了!

> ……

朋友们，在你最悲观最失望的时候，那正是你必须鼓起坚强的信心的时候。你要深信：天下没有白费的努力。成功不必在我，而功力必不唐捐。

三

之后，就是"心平气和的一届"。

《薛瑞萍读教育理论》和《薛瑞萍教育教学问答》都完成于2004—2010年，写作时间与"班级日志"重合。被点燃的人，连自己都怕。

"德之不修，学之不讲，闻义不能徙，不善不能改，是吾忧也。"孔子的意思是，除非你能够讲出来，并且落实到行动上，否则就不算是真的理解，真的在学。

《薛瑞萍读教育理论》就是这样一个求真知的记录。因为这些读书笔记，我结识了很多热爱钻研的同道；我们结成了真实不虚的"成长共同体"，体验着"以文会友，以友辅仁"的大快乐。

四

《薛瑞萍教育教学问答》则不同，是在朋友的鼓励和催促之下编织出来的——缘起于讲座中经常遇到的提问，回答涉及母语教学、班主任工作、家庭教育等诸多问题。相当于一本"实用手册"、一个工具箱，是一个建议、参考的意思。然而绝没有想到的是，《薛瑞萍教育教学问答》竟然广受欢迎。

2010年9月，回头带一年级。新生家长会上，我亲爱的搭档——教数学的王祥玲老师宣布《薛瑞萍教育教学问答》为本班家长必读书。"这本书我读过，我和薛老师是一条心。有不明白的，先读《薛瑞萍教育教学问答》。书里说过的，不要再来问！"

王老师做得对吗？我不确定。事实上，王老师做了一件我想做而不好意思做的事情；事实上，到了"这一届"，不少做法有所调整、有所改进。结果是，2010—2016那6年，我俩带得太顺心了。孩子以及家长都说：王老师好比严父，薛老师好比慈母，这个班好比一个大家庭。

"这一届"也即"太顺心的一届"，人数大约是点名册上的三倍。因为阅读，"我们班"向来包括孩子父母，乃至留守儿童的爷爷奶奶；连接和聚拢我们全体的，是那些美丽的诗篇、伟大的书。

五

"心平气和的一届"的"班级日志"是一部流水账。到了"太顺心的一届"，钻研和记录变得相对严谨，于是有了成体系的《写作课》《讲述课》《诵读课》《吟诵课》。

《诵读课》《吟诵课》的课题都是经典教育。时过境迁，之后的《薛瑞萍教古诗》《薛瑞萍教童谣》《薛瑞萍教童诗》《薛瑞萍读飞鸟集》以及这套书中的《在家读诗》，都是同一课题更深入、更贴近孩子的探索与记录。所以此次再版的时候，字字皆辛苦的《吟诵课》《诵读课》如笋衣一样，随新竹拔节而自然脱落；又如落红，化作春泥更护花。

"岁寒，然后知松柏之后凋也。"松柏岂不落叶？它只是在凋落的同时，不断生出新叶而已。教育是对成长的迷恋。除非自身成长，日有所进，否则教师如何服务孩子成长？

六

讲述，实在是一个太过重大的课题。

人类学有一个说法，智人取代尼安德特人的原因不在于体力，也不在于智力，乃是因为智人是一种善说故事的物种。故事带来凝聚力、想象力。

果如是，则这种讲述在中国至迟从战国时期就开始了。夸父追日、精卫填海、黄帝战蚩尤、神农尝百草、舜耕历山、大禹治水……这些故事的滥觞，也是华夏文明的重要起源。

从类比的角度看，智人和尼安德特人的差别大约相当于地球人和三体人的差别。在《三体》中，云天明用以拯救地球人的终极武器，恰是讲述。三个童话，是三个密码本。

讲述对于人类是如此重要，如此生死攸关，以至于能够如其所是地阐明讲述之力的，只有讲述本身。《一千零一夜》中，山鲁佐德夜复一夜地讲述，挽救了自己及众多女孩的性命，更拯救了残暴的国王。故事让国王得到疗愈，重新获得理性与爱的能力，重生为人。这才是终极拯救。

在《一千零一夜》这个故事中，山鲁佐德讲故事的智慧成功吸引了国王听故事的兴趣！所以我们可以说：讲述带来疗愈；一个人只要他对故事还有需求，就还有救。

故事是纽带、清泉、忘忧草。有些时候，故事还可以是烈火，焚尽不赦的罪恶。不信，请诵鲁迅先生的《故事新编》之《铸剑》，《庄子》之《逍遥游》；伊塔洛·卡尔维诺之《看不见的城市》，厄休拉·勒古恩之《一无所有》；阿城之《遍地风流》，何大草之《春山》……它们所演绎的，都是讲述的力量。一个民族，无论物质如何丰富，若是不能源源不断地产生好故事以滋养其共同体中的成员，终究是贫乏的、孱弱的、可怜的。

《乡村教师》就是一个绝好的故事，写作《乡村教师》的刘慈欣老师就是一位超级讲述者。刘慈欣擅长将现实和科幻无缝对接，擅长弥合现实与神话的隔阂。小说中那位身患绝症的乡村教师，临终前以口述的方式命令娃们背诵牛顿三大力学定律——老师就要死了，再也来不及讲解。这时娃们背诵的，其实是埋藏于体内等待燃烧的宇宙精煤。

如果生命允许，那位乡村教师一定会透彻地讲解牛顿三大力学定律，并讲很多故事：神话、童话、民间传说、经典名著、科学家传记。

"他们有一种个体，有一定数量，分布于这个种群的各个角落，这类个体充当两代生命体之间知识传递的媒介。"

"听起来像神话！"

"他们叫教师。"

讲述是教师的基本功，此乃常识。在我看来，语文教师不爱、不会讲故事，是匪夷所思的咄咄怪事。《讲述课》是关于"说什么"和"怎么说"的课程探索。一个例子而已。到"依依不舍的最后一届"，具体做法又有所调整，这是再自然不过的事情。

七

《写作课》的目的很单纯，就是想帮到那些焦虑的父母，那些被"囚禁"在写作培训班的孩子。先做读写人，再教读写课。《写作课》也是一名40多年读写不辍的读写人关于读写的分享。

"太顺心的一届"毕业了，回头带"依依不舍的最后一届"。这时候班主任已经换人，但是王老师的教育勇气却被我"继承"了下来。二年级下学期，我要求孩子人手一本《写作课》。

"这是上一届大哥哥、大姐姐们的成长故事。不着急，你们慢慢看，需要的时候看。到了几年级，就看几年级的内容。你们报别的学科培训我管不着，有了这本书，语文就不必再上任何读写班，也不必再买任何作文选。有功夫宁可到户外玩耍，宁可阅读班级图书！"

家长、孩子个个欢喜。因为整个小学阶段，孩子们遇到的写作课题、写作困难基本相同；因为《写作课》提供的示范和陪伴，是那样的真实、亲切、有力。

相比于《写作课》，《亲爱的汉修先生》才是本班孩子的写作宝典。这也是王祥玲老师阅读的第一本儿童文学经典读物。王老师哭着说：

"哎呀，薛呀，太感人了！我觉得鲍雷伊爸爸也挺可怜的，我希望鲍雷伊的妈妈让他回家。"

"你去问问孩子们吧！"我如是答。

八

在家读诗，是我从中学到今天不曾间断的生活方式，如呼吸一样自然。所以那样热切地带着孩子及家长做经典阅读，那样不遗余力地建设书香班级、书香家庭。归根到底，是想为自己找到同伴，找到灯。

感恩一届又一届孩子的陪伴！

又是毕业季。今天是我"太顺心的一届"孩子高考的日子；到9月，我带的最后一届宝贝也要升初中了。一代人有一代人的挑战，一代人有一代人的使命。2022年太不寻常。孩子们啊，老师为你们读诗，为你们祝福：

火 车

贾希特·塔朗吉　余光中 / 译

去什么地方呢？这么晚了，
美丽的火车，孤独的火车？
凄苦是你汽笛的声音，
令人记起了许多事情。

为何我不该挥舞手巾呢？
乘客多少都跟我有亲。

去吧，但愿你一路平安。
桥都坚固，隧道都光明。

九

"学生的大脑不是容器。他们需要的不是填充,而是激活和点燃。"这是常识。学生如此,教师何尝不是?如同创业从来都是持续创业,点燃——也从来都是持续点燃。最后,摘几段话送给亲爱的同行们——

> 我的脑海里经常回荡着几百个老师焦急的声音,他们在问我:"你如何判断,如何确定孩子在学习什么东西呢?甚至他们是不是在学习呢?"答案很简单,我们无法判断,尽管我们不能确定。我对于教育的看法建立在一个信念之上,尽管有很多证据可以支持这个信念,但我无法证明,可能永远也证明不了。这可以称之为"信仰",这个信仰就是人天生是学习的动物。鸟儿会飞翔,鱼儿会游泳,人类会思考和学习。
>
> 因此,我们不需要通过哄骗、贿赂或者恐吓去"推动"孩子学习。我们不需要不断地刨开他们的头脑以弄清楚他们是不是在学习。我们需要做的——唯一需要做的——就是尽我们所能地把这个世界带到学校和教室,给孩子们需要的及他们要求的帮助和指导,然后就走开。我们要相信他们能做好余下的事情。
>
> (约翰·霍尔特《孩子是如何学习的》)

把世界带进教室。这是我们唯一需要做的事情。

其他一切,交给祈祷和信仰吧。

初稿于2022年6月7日

定稿于2022年6月16日

教师要不要读教育理论

一

在开始写这个平生头一回的书序之前,请允许我当一次文抄公,摘取两大段来自两种身份的教育者的文字,分别展示两种不尽相同但相关度甚高的"理论"态度。

其一:

"老薛,你读的书可真多。《红字》《人间词话》《穆斯林的葬礼》嘛,孬好我还听说过。什么王小波、霍金、卡逊、昆德拉、村上春树、弗洛姆……这些人我连名字都没有听说过。咦——怎么没有一本教育方面的呢?"

"《论语》不就是吗?我都读过好几遍了。还有一位日本女作家的自传《窗边的小豆豆》,也很好。除了这些,我基本不读教育名著。"

"怎么可能?"

"就算是一种局限吧。说来话长，以后再解释。"

原因之一：自负且胸无大志

……做过17年的语文教师兼班主任，立足于个人经验，我将自己混得还行的原因归纳如下：深厚的文学素养、过硬的教学水平、良好的心理素质、端正的品行、较强的沟通能力及较高的个人威信。这几条令我踌躇满志、颇为自负，而它们，都和教育名著没有必要联系……

"读爱读的书，做想做的事。"——如此而已。这是我所孜孜以求的理想境界，外人尽可以不以为然，我却敝帚自珍得紧。一则缺乏成为大家名师的志向，二则没有感到攻读的需要，所以，我没有认真读过"教育名著"。写作中偶然引用的一两句，也是于"散读"中零星见到的和自己气味相投者……

原因之二：盐在汤中

……教育的涵盖面，无疑是与"生活"本身一样宽泛。因此，我读的每一本书都是在潜移默化中对我产生影响的"教育类书"——教育无处不在，相对于理论专著而言，前者是纯粹的盐，而我的"杂书"则是用盐和其他作料调和成的美味鲜汤。只要我有心，只要我在读，我就一样在摄取盐分，而且所得更加丰富多彩、更加渊深开阔……

原因之三：对文字美的追求

……对于读物，我挑剔得近乎苛刻。诚实、有趣、文字好是我入眼的第一条件。而这样的书籍，要在"高格调""圣贤化"、烛光摇曳、蚕丝将尽的教育类中得到，近乎缘木求鱼……

—— 这当然是一种偏见，一种局限，它必使我错过了许多"内容"很好的著作。然而我深深地知道，所谓局限，恰恰是我品位不俗的优势所在。事实上，我赖以立足于世的，正是这份局限。一旦失去了它，我便失去了自己的价值。当我认识到了自己的局限，我就下定决心：抓住它，坚守它，发展它。

所以，不是我"不读"，而是暂时没有遇到我以为的可读者。

我期待着情况的改变就在明天。

(薛瑞萍《不读者说》,2002年7月)

熟悉薛瑞萍老师的读者对这段文字一定会感到亲切,这是她当年对教育理论表示"不屑"的一篇宣言,对不少怕读教育理论的教师而言,几乎说出了他们的共同心声,从此可以理直气壮地放下手中的那些理论书籍,一头扎入自己更为喜爱、更为亲近的东西当中。

其二:

早在1957年,奥康纳教授就反对运用"教育理论"这个术语,认为它不过是一种"尊称"……其他的理论家或许意识到了,如果这些怀疑很有根据的话,那么知趣地自觉取消这种纯理论的研究,大概是最体面的方式了,于是他们开始转向研究一些日常问题;这并没有表现出多大的变化,他们只不过把研究日常问题当成了最后一席合理的研究之地。但是,研究日常问题,有时会得出一些成果,有时却不了了之。

于是,我们究竟怎样来看待理论呢?它普遍地上升到突出的地位,难道仅仅是对英国顽固的实用传统的一种奇怪而暂时的偏离?教师们本身对理论的态度是既尊重又怀疑:之所以尊重,是因为他们认为理论难学;之所以怀疑,是因为理论并不能明确地做出具体的决策,告诉他们下星期一早上该干什么。但是,这种怀疑是建立在合理的期待之上吗?

因此,对教育理论令人失望的一种可行的解释是,人们对理论寄予了不适当的期望。结果,在理论不能成功的地方,人们认为它失败了。我们从人们最初参加职业训练的情况中可以看到,至少在一定程度上,人们历来对理论冷淡的原因,是那些职业新手刚刚置身于实践之中,忙忙碌碌而自然地产生了急躁的情绪。这种情况甚至在最初参加训练的医生中也很明显,他们对早期所学的解剖学、生物学及生物化学等理论学科不耐烦……

那么,在教育中,"理论"一词的含义是什么?这有多种解释。

通常的含义只是指一种非实践的思想体系。……有时，"理论"也意味着一种令人崇尚的知识……在这个意义上，教师可以说是掌握了许许多多的理论知识……

少一些偏见，多一些原理，这是区分理论与实践的标志。于是，理论与实践的矛盾就变成了这样两个问题的矛盾，即实际情况如何与我们应怎么办之间的矛盾，或者说是事实判断与影响行为的价值判断之间的矛盾……

我本人的观点是，教育理论是一种独特努力的产物，这种努力是要去获得教育实践的理智而深沉的理解。这种理解涉及方方面面，既有课程的，也有制度的；既有经验的，也有评价的……

……理论思考的典型特征是通过批判和经验性研究，对真理进行仔细检验。为了有助于检验真理，又涉及下述典型的程序：仔细分辨、提出假设、梳理论点、评定效度、提示前提、审察论据，以及探索可供选择的解释或框架……

有关理论与实践的关系问题，在哲学上还存在着怀疑主义的传统。……赖尔认为，从历史的观点看，实践先于理论；并且，即使在今天，也有很多没有理论体系指导的理智的实践。……赖尔提出的另外两个论点是：一个很有理论的人在实践中可能会相当无能，他这个观点是正确的；另外，假设理论具有普遍的优先权，将会导致不断地追本求源。由于形成理论本身就是一种理性的实践，因此，假如要理智地形成理论，将需要更在先的理论的指导，而在先的理论也要有更在先的理论的指导，如此循环往复。于是，一批又一批坐在后座指手画脚的人，便开始了无休止的追溯。

这种追溯观点的一个错误变式是，认为没有理论的帮助，某些教学也一定是可行的，因为理论的教学本身，就外在于这种理论……

有人反对上述那种对理论的怀疑主义态度，认为，事实上所有的教学都要依靠理论，但理论常常只以"蕴含的"方式存在着……一位教师也许根本就没有意识到在他的实践中蕴含着理论，但如果对他所蕴含的理论予以批判，这会瓦解他的实践……

还有另外一种情况，即一位教师不承认自己有任何理论意识，也拒绝使用理论，即使如此，他与理论的关系也许要比他所认为的还要密切……

有人说，教育理论和形而上学的理论，像是不断被攻击的堡垒，实际上却从未被攻克过；然后有一天，人们忽然意识到堡垒里面竟空无一人。尽管有很多自封为实践者的人希望如此，但是这种论断不可能是教育理论的命运。什么样的理论能够向教育实践提供更多的帮助，这是一个真问题；而教育理论是否能够提供帮助，这只是个假问题。

虽然这样，但理论的形成和理论的教学都仍是困难重重……我们可以非常如实地说，教育理论家注定要经历强烈的角色冲突，但即使如此，他们也不应该层层设防，不应该退到堡垒里去，仅守卫堡垒；他应该明白，防卫仅仅是偶然的需要而已。

（迪尔登《教育领域中的理论与实践》）

之所以大肆摘抄这些段落，是因为在没有阅读之前，我还以为自己对教师到底要不要读教育理论这个话题有话要说，而阅读了这些思想后，没有深入思考或思考能力还太弱的我发现，再也没有自己说话的余地与必要了。早在20世纪80年代，远在大西洋彼岸的一位知名度并不高的教育学者对这个世界性的话题已经说得如此透彻、中肯，仿佛他就生活在我们的身边，仿佛他就在回应薛老师以及其他很多教师的相关疑惑与挑战。整篇文章可以说是为教育理论辩护，但找不到任何强词夺理的地方，甚至没有多少明确的个人意见，而更多是提供各种怀疑的声音，暴露教育理论正面临的窘境，以一种"理智而深沉的理解"来正视这些或礼貌或决绝的批评，借此来阐述自己对教育理论特征、价值及与实践关系的看法。

当然，上述感受，是作为教育理论工作者的我的个人经验，其他教师读这样的东西，未必会喜欢，肯定不如读文学作品、休闲小品等令人沉醉，也比不上读薛瑞萍老师那篇宣言那么畅快、轻盈。和读很多艰涩的理论著作的感受一样，读这样的文字，需要我们静下心来，把自己放到文章讨论的主题情境之中，不断地理解其主要观点，体会其逻辑结构，必要时还要设身处地、结合个人经验反复体会作者的话语。读这样的文章肯定是累的（已经是尽量挑选其中很浅近的文字了），但读完之后，特别是感到自己有收获之后，那种豁然开朗或者似懂非懂但头脑澄明了许多的快感也是读《读者》与"心灵鸡汤"等文字所难以企及的。

本书收录的12篇读书笔记，大量记载的正是薛瑞萍老师从"基本不读教育名著"到"沉醉其间"、享受我上面描述过的这类感受的全过程。当一位小学语文教师在佐藤学、苏霍姆林斯基、马克斯·范梅南、杜威、帕克·帕尔默、陈鹤琴等中外教育名家的著作中频频发现自我、感到惊喜、收获振奋与反思时，教育理论的堡垒便不再只是处于那种被攻克、被怀疑、空无一人的可悲状态。读这些笔记，我感到，教育的理论与实践在相互尊重中找到了彼此的尊严，教育的理论者与实践者则在这种相互探访之间，实现了一种难以度量的双赢。

所以，我想套用迪尔登的话语方式说，教师要不要读教育理论，这只是个假问题。真问题是，教师要读什么样的教育理论，哪些教育理论著作值得我们抽出宝贵的时间，花费比读其他书籍更多的脑力与眼力去翻开，去品读，去回味。特别需要说明的是，这里的教师并不专指一线教师，也包括我，包括每一位承担着教育工作的专职人员。借用马克斯·范梅南的名言，则是"迷恋他人成长的学问"的每一个人，都需要读一点优秀的教育理论。

二

给薛瑞萍老师推荐教育理论书籍，"始作俑者"不是我，但肯定是她的朋友。有意思的是，她的朋友们，尤其是对她不那么崇拜、迷恋的人，都有一种想逼她读点教育理论的冲动，并采取了多种引诱的方法，终于在2004年的暑假获得首战的成功。感谢这最初的两本，苏霍姆林斯基的《给教师的建议》和佐藤学的《静悄悄的革命》。第一本被推荐并不出人所料，苏霍姆林斯基在中国教师中的知名度和这本书的受欢迎度，是长盛不衰的；而佐藤学的这本"润泽"的小册子成为薛老师写读书笔记的头一本。这充分说明，教师读理论的第一本极其重要，一定要适合某个具体的教师，让他的第一次"约会"不那么难堪。至少，这本书不要太晦涩，不要太宏大，不要太远离教师的教学生活。设想，如果薛老师第一本就读杜威的《民主主义与教育》的话，即使不"落荒而逃"，恐怕后面的两年阅读也不会是这样的过程、这样的结果。

有了这两本的打底，薛老师带着对教育理论的好感开始主动出击了。2004年11月中旬，在确定可以于杭州相见后，她通过短信向我发出要求：

> 你的信让我莫名紧迫，现在很少读书了，你有文采、思想、品位都高的教育名著吗？带一两本给我，推荐思想文学类的书我行，这个就是你行啦！

这个短信对我而言既是一种召唤，更是一种压迫，当天我就去学院门口的教育书店转悠，反复琢磨到底带哪些书。当晚，为选定的五本书写推荐理由，想通过传统的邮路让她先有个大致的期待。而写这些东西，仿佛是回顾了自己17年来走过的教育学道路，感慨良多。自从偏离了中师的培养目标（我原是一名中师生，后来歪打正着进入了教育理论工作者的队伍），我就一直有点自我迷失，不知道自己能做什么，不知道自己有了什么长进。看来真的不多，17年居然就看了几本书而已。这些心得也很难说有什么价值，还是列在这里，给读者们理解薛老师的读书笔记做一个先导（很可能是误导，考虑到篇幅所以有所删减）。

1. 马克斯·范梅南的《**教学机智——教育智慧的意蕴**》。

这是五本中最贵的，但读完后会感到物有所值。单是那一句"教育学就是迷恋他人成长的学问"，就足以驱散我执教这门学科十几年的郁闷。本书对"现象学"教育学的研究路径很有特色，得出了许多看似平常却意味隽永的研究结论。如"教学机智"这个概念，国内早已有之，很多"急中生智"的办法看似灵活，背后的思维方式却机械而生硬，远达不到本书中的人性光辉与智慧灵动。阅读此书，每一页都有惊喜，善解人意的作者又往往把核心观点直接做了标题，阅读起来非常省劲。

2. 洛克的《教育漫话》。

洛克，这位英国的绅士，以非常质朴、自信的语调给人们讲述着自己对教育问题的理解，没有理论家的架子，没有空想家的不切实际，其思维轨迹颇有点"中庸"，许多主张比其他欧美教育家们更容易被中国的家长、教师接受。读这本书，我一点没感到时代的隔阂，许多建议在身边就能采用，特别是作者的医学功底、科学思维方式，让我们这些文科出身的人平添羡慕之情，尽管有些具体知识放在现代医学角度看可能已经过时。

3. 叶澜的《教育概论》。

与名著相比，规范的教材像钙片，可供教育理论恶补用。教育类的经典教材很多，叶教授在《教育概论》一书中四处寻求突破，在"复杂性"方面有所贡献，以缜密的思考方式把教育的基本问题写厚了。如能结合她的新基础教育实验研究，阅读她发表的系列重要论文，更能理解她的精神追求。

4. 施良方的《课程理论——课程的基础、原理与问题》。

虽是一本行外人不常看的专业书籍，但打开它你会发现，原来全心全意做理论工作的人也可以那样地感动读者：他的文字简朴流畅，思维简洁明朗，表达不蔓不枝，参阅的文献之丰富、自己的总结与评点之到位，是一些故弄玄虚的学者达不到的，这本书已经成为课程与教学论专业人员的必读经典。作者英年早逝，令业内人士扼腕叹息，而他留下的专著、论文已为他做了最好的纪念。

5. 刘云杉的《学校生活社会学》。

刘云杉是我的校友、系友，对我们这些学弟学妹的影响很难估量。记得她答辩的那天，气氛特别热烈，口才很好的她讲述了自己用人种志方法在中学扎根研究的体会，令坐在台下的我十分震撼。这本书是她的博士论文，采取社会学视角，借用大量的西方理论来分析田野材料，诗一般的语言在文中每隔一段便有一大片。这在当时是非常少见的，得到了高度评价，获最佳博士论文提名。一晃四年过去了，我也正处在博士论文的冲刺阶段，不时会以此书为参照，希望从中获取帮助，形成自己的风格。

以上文字到达薛老师手中之后，还是起了一定的唤起作用，不信请看她当时发来的短信：

> 信件收到，又一度万箭穿心，并为自己所受的痛苦感觉甚冤枉。一条不归路已然呈现，草根如我，思行何为！已经读了两遍——越发佩服自己的勇气！我之于教育理论的浅薄实在可笑，竟然敢于去那里吹。好在给定时间一个钟头，坚强皮厚如我，大约不至于因为惭愧而晕厥在台上。
>
> 浅薄是事实，不因为你的知道与否而有改变。也许，这一刺激对我是好事呢。好在我是善于自我宽慰的，此行杭州我只当是献丑，只当是专门取书和受你的教了！
>
> 如你所愿，我对将到手的书充满期盼。
>
> 朋友说，好教师的知识结构应当由三个板块组成：开阔的人文视野、精深的专业知识、相当的教育理论。朋友说我缺第三个板块，并且鼓励我说"第三板块容易补"，谁知道呢？
>
> 铃声响了——"人口手"去了。

不久后，我们便在教育在线论坛、第一线论坛等处陆续读到了薛老师关于这些书的读书笔记，洋洋洒洒，一发而不可收，最长的一篇（读《教学机智》）达到两万六千字之多。如果说字数只能说明她读这些书时的投入程度，那么这些读书笔记的影响面则多少可以指征其质量，特别是随着同期上传的热帖"心平气和的一年级"的网络流传，这些读书笔记也开始影响了不少跟读的老师，循着薛老师的视线去亲近原著本身。尽管不少老师反映，读原著不如读她的读书笔记，至少，路径打开了，而薛老师走上的俨然是一条不归路。随后的一年半中，她的理论书籍来源更广了，一些知名出版社主动给她提供最新出版的产品，我也在后来的合作中陆续带过去《童年的秘密》《民主主义与教育》《教学勇气——漫步教师心灵》等更具专业性的教育名著。这些书，薛老师并不一定都读，写过读书笔记的也不一定都喜欢，但她的阅读结构的第三板块终于可以说是补起来了，而且正如那位朋友所言，"补得很快"。

弹指一挥间，两年过去了，薛老师读过的理论书目接近二十本，读书笔记则积累到了二十万字左右。回头看这些文字，作为读者，我的感受不只是感慨与敬佩，更体会到一种欣慰、一种责任。我不敢说收入与未收入本集的十几本书都是值得教师精读的好理论，其中有些在严格意义上，可能也不能算理论性著作（如《朗读手册》），但透过这些读书笔记我敢于确认，薛瑞萍老师的读理论是值得借鉴的，她的读书方法也是需要研究的。出版这些读书笔记，我以为意在提供一个案例，而非示范，毕竟读书是相当个人的行为，读哪些，怎样读，都没有也不该有样板。在教师读了一定的优秀教育理论之后，我们可能还应该进一步思考：这些理论到底能给教师以什么样的帮助和长进？教师读理论的热情，大概还能维持多久？怎样使教师的读理论成为终身的习惯而非一时的需要与冲动？

我们要读的还有很多，我们要做的应当更多。

三

阅读对薛瑞萍老师而言，既是充电，也是享受，而且往往以享受的需要为先。对文字美的追求与偏爱，决定了她的阅读理论是"不太情愿"的，后发性的，甚至可以说是"恶补"式的。和一些老师读理论不同的是，她不以摘取名人名言、增加自己文章的理论气息为目的，而是处处读自己，寻找和自己的教育实践契合的理论关键词。一旦从大师、理论工作者的笔下寻找到这一类关键词，她便兴奋不已，牢牢抓住，辅以自己的实践案例或感想，使得这些理论性的话语鲜活起来、明亮起来。

且看她的这种"六经注我"的读书方式：

> 一切的写作，都是写自己；一切的阅读，都是读自己。原本读书就是为"我"活得更好，而不是"我"活着为了读书呀！
>
> 我读一本教育理论得以维持，在于以文字方式呈现个体化吸收——歪解的成果。"六经注我"固有偏颇，但是在我这里，无"我"

的阅读，是不能想象的。虽然这个"我"往往嚣张得过了分，遮蔽了文本本身更大的客观价值。

也许以后，我会更新到"我注六经"的层次；但现在的我，如果不这样读，就不成其为我。

对这种以"自我"为中心的读理论观，人们的看法是充满争议的。有人认为这是读理论的初级形态，有碍对理论的正确解读与全面吸收，并不值得效仿；也有人恰恰偏爱这些读书笔记中的"我"，选择跳过她引用的那些原文，直接读她自己的故事与观点。我个人基本赞成薛老师的这种读书办法，不仅因为这里体现了"我要读"而非"要我读"的巨大区别，而且，这种寻找"自我"的阅读过程可以帮助她实现与作者们的交谈。在寻求大师对自己实践方式的支持、认可的过程中，薛老师也发现了一些自身的不足，尽管相比之下，对被认可的满足多于对不足的警醒。我也期待，在阅读了更多的教育理论后，薛老师能逐步实现"我注六经"，使理论成为自己的反思武器，完善个人的教育实践，升华个人的教育智慧。

而这些读书笔记恰恰见证了薛老师吸纳教育理论智慧、确认并完善自身教育实践的完整过程，透过这些文字，我们大致可以看出，读理论对她有如下的好处。

1. 祛魅。

"说实话，光是约翰·杜威的人名和《民主主义与教育》的书名，就足以吓住我辈了。"

爱读书如薛老师，遇到比她读得更多的人，也是恐惧的，尤其是自己不熟悉的领域。克服恐惧的最好办法，是接近这个恐惧源。当你读过了杜威，读过了洛克，别人再跟你吹这些大师如何如何时，你心里将不再那么的不战而慌。读书长底气，无非就是这个道理。从这个意义说，我们没有必要过高估计理论阅读对教师的紧迫性。因为，如果光为了祛魅、增加说话的底气的话，教师有更多、更为急迫的事要做。最好慢慢地接近，在教学的空闲时间与其他类型的书籍阅读穿插进行，因为，真正意义的完成"祛魅"是一辈子的事。

学海无涯，每一次的祛魅往往意味着新的敬畏感之出现。越是深入研读优秀的理论著作，越会发觉个人的渺小无助，便越是倾向于寻找新的理论智慧给自己壮胆。"恶补"只能解一时之需，长一阵之威，甚至还会有副作用，如消化不良，从此轻狂起来。薛老师读完第十本（《民主主义与教育》）的时候，曾感到满足与疲倦，觉得可以歇步了，却不料再遇《教学勇气——漫步教师心灵》这样的好书，立即又有了惶恐，又一次投入地读，投入地写。这些成集的文字只是她读理论途中的栖息小站，停一停，想一想，何时再上路，是不可预料的，但必定又是一个惶恐与祛魅的过程。

2. 佐证。

两年前的暑假，薛老师读完《给教师的建议》，写下："现在，我又可以引大师为佐证了；现在，我知道自己摸到的是一条正道了。""离开学还有十几天，我将更加兴致勃勃地投身于'放养'的事业。"

两年后的暑假，读完《朗读手册》，她再次写下："至于我，开学在即——我将更坚定、更热诚地给孩子们朗读。"

我们可以清楚地看到，读这些教育理论，对薛老师的作用首先在于佐证而非纠偏，每读到一本和她的想法和做法契合的书，她业已形成的教学信念便得到一次加固，进而激发了自己进一步实践的热情。

> "对我而言，凡所激赏、认同者，都是与我的想法相契的，是证明我之已做和正在做的为合理的。"

这也是她的读书笔记容易遭人诟病的地方，包括列举的大量自己育子、带班的案例，有的还是"刚刚发生的"，以富有情境感、现场感的实践来注释所读的理论，且正面的例子居多，容易让人觉得总是在用理论"证明"自己。作为一个理论工作者，我对此的看法是认同多于反感，毕竟理论的价值首先在于证明实践，解释实践。喜欢被认同，这是人之天性，先选择那些契合自己的理论来读，也是可以理解的。薛老师善于利用丰厚的生活体验解释那些多少有点晦涩的教育概念，不仅成功地使那些通过读这些读书笔记而获得亲近原著冲动的人在重遇这些词时感到不那么生僻，而且，即使大家不想阅读原著，也大致可以准确地在自己需要的场合使用这些术语。

如关于"非判断性理解"的理解，薛老师的语言可能比原著的表达更亲近读者："非判断性理解与开放型的聆听有关——普遍存在于朋友之间。很多艰难困苦的时候，我们需要的其实就是一种接受性的、开放的、同情的、帮助性的聆听。向信赖的人倾诉，有助于消除我们压抑的情感、紧张的心情、内疚不安的情绪。好朋友只会耐心地聆听，不做任何判断以免情况更糟。你最值得珍惜的朋友，未必是最能帮你、给你诸多实惠的人，而是那个肯以同情、开放、不做判断的心态聆听你的人。"从这个意义上说，薛老师是这些作者的解读人，为书籍与其他读者搭起一座沟通的桥梁，她的那些实践案例也是教育理论的有力佐证。

至于由这种相互佐证、加固而造成的"固执己见""拒绝更新"之类的危险，薛老师的一段精彩论述可以作为有力的反驳：

> 重要的不是改变做法，重要的是更新观念。对此，我要说的是，朝夕之间可以改变观念的人，其实没有观念。善变者所以善变是因为：第一，他们有变化的能力；第二，他们无所坚守。能力的投注，只朝向"创新"与跟风带来的利益。
>
> 在实践中学习、积累、思考——形成自己的教育理念，确认相对恒定的价值追求。从容应对各种浪潮，既有所吸纳，又有所坚持。一切经过我的思考，依据我的情况，服从我的学生的发展需要，而决定扬弃取舍。这是我所理解的稳定——这种稳定，不是谁能给予，只能自己求得。这种根本意义上的稳定，从来不被提倡，很多同行也没有意识、时间和能力去做。

当然，这种稳定的教育理念及价值追求的获得与坚守，应该建立在充分的反思与自省之上，这一点，我们在薛老师的读书笔记中也欣喜地有所发现。

3. 提醒。

尽管不多,我还是找出了一些读教育理论给薛老师带来的警醒作用,有针对别人的,更多的是直面自身。

> 之前,我只惭愧于关心别人不够。现在,我扪心自问:面对孩子,作为教师的我,是不是一个危险的人——以关心的名义干危害他人的事情?
>
> 大师看见的"危险现象",在我们这里还顶着爱的美名呢。
>
> 整整 10 年,班级人数不到 30。那 10 年里,很少与家长接触。时间、精力和自信,让我觉得没那个必要——可是现在看来,那时我错了。
>
> 从教以来,我一直注重对学生阅读能力的培养。曾经为学生二、三年级就能读注音本的《红楼梦》《西游记》《三国演义》《水浒传》而沾沾自喜;曾经为学生都五年级了还痴迷于童话而深感遗憾——想方设法诱使那孩子改弦更张,读"该读的书"。
>
> 现在看来,那时的所想所为,是典型的傲慢武断。潜藏在洋洋得意和循循善诱里的,是对孩子的轻蔑,是对童年生活内在的品质的无视。当教师这样做的时候,是自恃着可笑的成熟——将孩子朝着速成的方向上引。

这些话语中,我们读到了一个诚恳反省的薛老师,理论在佐证、加固她已有的观念的同时,发挥了另一个重要的作用,即探入现象的深处,发现合理背后的危机,反思自身已有实践的问题与根源。此时的理论对薛老师而言不是电工手册,不是操作细则,而是安全须知、友情提示。这种反思意识与能力的形成不仅得益于理论著作中的各种观点,也与她已经拥有了相当丰富的实践体验及真诚的反思愿望有关。设想,如果薛老师还没有开始引领家长、指导课外阅读等工作,读到理论的相关段落大概只会跳过去,继续寻找更能警示自己的内容。所以说,理论能否起到这种提醒、反思的作用,还是离不开主体的实践;反思,则需要与实践情境保持适当的距离。

"在压力很大的今天,我们尤其更需要这样的提醒。"薛老师如是说。

4. 明理。

薛老师读理论,重在抓住一本书的几个关键词,而非贪多求全,形成完整的理论框架。"一段高论,一句妙语——有时,只需要一个新鲜的词,就可以让很多缤纷的记忆和遐思围绕着它,于静中吟唱、于风中起舞。"这种读法虽不利于读者更为全面地了解某著作,但确实有利于在理论的基本元素的把握上达到一种"清楚明了"的状态。教育理论往往也就是从几个关键的概念开始,抓住了,枝枝蔓蔓也往往尽在把握中。

但薛老师并不满足于此,她的阅读期待更多、更高。"不管生活怎么暗淡和沉重,读好书、明事理,仍是我们生而为人的乐趣——往往是这样,现实越是令人失望、沮丧,我们越需要从朴素的好书、从诚实的道理中,汲取阳光和力量。"而当她发现不少理论著作并不能解决我们的实际问题时,她的态度显得比一般老师的"如果没有答案,那我不是白忙了"更为从容:

> 范梅南的很多案例,只提出问题,没有给出解决的方法。因为他也不知道具体怎么做才好。而且在他看来,不少成功案例之所以成功,都有一定的偶然性在。
>
> 在我看来,问题即便永远不能解决,直面和思考这样的问题,也是有意义的。"有用"固然重要,"通通透透"的感觉也很妙。对我而言,这种感觉,就是学习这一章的个人意义。

遇到特别难啃的章节、观点,她这样平静面对:

> 这些辽远空阔的哲学追溯,对于一个小学教师的工作实践,很难给予什么直接的启发。
>
> 这样的阅读和学习,用老杜的话说,不能获得根深蒂固的观念。
> 但是,很快乐。快乐就在过程中。

理论阅读的快乐到底在哪里?本集中最短的一篇读书笔记似乎能说明问题。这是针对《学会关心》写的,薛老师虽通读了两遍,但没有像其他书那样提取很多与自己契合的关键词。原因可能很多,但文题确实耐人寻味——《明事理总是好的》。背后的想法可能是，尽管知道这些理论对我现在的实践没有多大作用，我还是因为明白了这当中的道理而高兴，而满足。明理，于一个读书人而言是幸福的事，尽管不能带来任何的眼前利益，还是会乐此不疲。也许，我们可以拿那些令人痛苦的书来考验自己，读得进去，读得逐渐有感觉，才敢言是真正的读书人。当然，不是所有令人痛苦的书都有明理的功效，于是，还有个辨别真伪的问题。办法是，尽可能读原著，读名著。就像买东西，品牌意识还是需要的，大多数人读过认为是好的书，大致是可以信任的，然而这当中个人喜好也很重要，不可迷信。

即使达不到明理的境界，逼自己读一些暂时超越个人理解能力的理论著作，至少可以训练自己的某些素养，还是引用薛老师的感受吧：

> 喜欢这种境界开阔、公允理智且富于想象的分析。读这样的文字，所受教益，将大大超越"提升教育理论素养"之一隅。其实，这也是在接受学术规范和科学素养的训练呢！

5. 达智。

教师的教育智慧是现在很时髦的一个话题，大多数人承认，教师有着自己独特的实践智慧，但这种智慧从哪里来？是长期的基层实践更重要，还是系统的理论培训更有效？仁者见仁，智者见智。就薛瑞萍老师这个特例而言，在前面 20 年的教育历程中，教育理论尤其是系统性的著作没有起到应有的作用，是否也影响了她的发展，这里难以展开探讨；两年来的"恶补"效果到底如何，恐怕也很难做客观的检测。我们还是只能透过这些读书笔记来发现她的变化，了解或预测她的进步，以下的一些文字大概能看出一点端倪：

> 既然朋友不喜欢我引的原文，从这一本开始，我就试着彻底用自己的话来说。

这篇读书笔记（读《童年的秘密》）与众不同的地方就在于薛老师不再大段大段地提取原作中的话，与自己的实践做对照，而是尽可能跳出作品，用自己的理解来介绍蒙台梭利的思想。比起前面一些读书笔记的"断章取义""只读关乎自己",这篇文章对主人的介绍与分析比较全面、到位,表达方式则回归了薛老师自己的语言,其中不乏在大师思想基础上的提升、自见。如:

> 值得庆幸的是:在处于发展过程中的生物身上,敏感性是具有周期性的——在蒙台梭利看来,这是儿童一次又一次地原谅了成人的傲慢与愚昧,等待着成人知道他们的需要,伸出手来帮助他们,为他们营造适宜的生活环境——真正理解他们,由共同的喜好做连接,真正快乐地生活在一起。

> 作为教师,个人以为:一年级是帮助孩子恢复、建立秩序感的关键时期。

这个"个人以为",得来非浅,既是对自己刚完成的"心平气和的一年级"的实践之总结,也是对蒙台梭利秩序研究的吸收、内化。这样的"个人以为",在随后的其他读书笔记中也越来越多,越来越有见地。

> 个人以为:预备说、展开说和形式训练说其实是相通的,它们的实质都在于"预备"。

> 看得出,"民主社会"和"无目的"是贯穿全书的中心议题——各章比较对象和立论角度不同而已。

在读《民主主义与教育》一书的过程中,薛老师跨越了章节的限制,寻找观点之间、章节之间的内在联系,找到了她所理解的杜威思想之主旨,从这个意义上说,她的理论素养确实得到了一定的提升。至此,她的阅读依然有明确的偏好,但无论哪一本或艰涩或流畅的理论书籍,她都能迅速在阅读中与作者形成对话,从中汲取自己所需的营养。这样的一段譬喻充分表达了薛老师的理论阅读姿态:

> 就算我是一株草吧,阳光、空气、水分、土壤都是比我伟大得多的事物和力量。但我是有生命的,现在——为了我的生存,小小的草,就必须利用、控制它们,使它们成为保存我的手段。

> 慢慢来,缓慢地更新,其成果才是确实可靠的。

> 只就自己特别有感触的内容谈感受。偏颇、幼稚,在所难免。

但我是一株草。我只能从草的，而不是从大树和鲜花的角度，去利用、去控制伟大书籍——伟大的阳光、空气、水分、土壤。

个人以为，这种阅读姿态是理性的，也是智慧的。

从这样的阅读出发，我们可以期待，薛老师的教育智慧有一天能穿越实践与理论的鸿沟，形成完全用"自己的话"表达的"自己的"教育思想。

"读吧——"薛老师笔记中的一句，写给她自己，我再录一遍，写给我自己。

王丽琴

目录
MULU

润泽的小册子
——读《静悄悄的革命》 / 001

与大师对话
——读《给教师的建议》 / 009

读洛克的日子
——关于《教育漫话》的漫话 / 025

让音乐从空隙的深处涌将出来
——读《教学机智——教育智慧的意蕴》 / 041

明事理总是好的
——关于《学会关心——教育的另一种模式》 / 079

幸福的蜥蜴
——读《课程理论——课程的基础、原理与问题》 / 085

第一块骨牌
——读《学校生活社会学》 / 105

回归之路
　　——读《童年的秘密》　　/ 117

小草对阳光、空气、水分、土壤的利用
　　——读《民主主义与教育》　　/ 135

最珍贵的源泉
　　——读《教学勇气——漫步教师心灵》　　/ 167

科学的头脑，母亲的心肠
　　——读《家庭教育》　　/ 189

"唯一而且最重要的"
　　——关于《朗读手册》的若干断想　　/ 197

润泽的小册子

——读《静悄悄的革命》

六月底我决定：暑假里不写东西。一心一意享受阅读，一心一意给自己充电。转眼一个半月过去，雨之后，秋凉一丝丝地瓦解着暑热；一部接一部地展卷中，悠然心会的感觉真好。

可是现在！现在的我，不是一般的不吐不快；现在的我，如果不把满腹蓄积付诸文字输出，便无法安心读进一页，无论那新的一本是如何精彩。

这是佐藤学的《静悄悄的革命》。

感受有很多，现取几点说出。一为自己身心轻快，二为诱使朋友去读——如果你已经决定去读了，又何必因我的自说自话而浪费时间。

一、"宁可不要"的研究报告

四章，十万字。说它是小册子，可能更合适。然而，这是怎样朴素、诚恳的一本小册子！

> 在讨论中，最重要的是丢开一切抽象的语言，只说出自己对所观察到的事例的质朴感受和具体事实本身。只要大家能相互交流自己朴素的感受到的一切，就必然能学到许多意想不到的东西。
>
> 参加公开研讨会最令我失望的，常常是在研究资料和报告中，总是出现诸如"活力""余地""支援"等过于普遍的流行语，而没法从中看到这所学校教师的个性、教育实践的具体状况和学生的具体的形象。
>
> 充满千篇一律的措辞、抽象的语言以及教育界流行的言辞的研究报告我们宁可不要。
>
> （引自《静悄悄的革命》，以下凡引此书，不再注明出处，只以仿宋体显示）

情况何其相似啊！在我们这里，翻开教育刊物，无处不在的，是泛滥成灾的"人文性""工具性""主体性""研究性""互助""合作""创新""互动"……这些原本闪亮的标签，这些由于过度使用而迅速暗淡下去的硬币，堆砌起来，喧响起来，模糊了作者的面目和声音。也许，他们本就没有什么值得示人的真感受，所以才要借着时尚的语汇来做装点？

尽量避免使用时下广为传播的教育流行语，而多使用日常语言来描述具体的形象。

在东京大学教授、教育理论专家佐藤学向教师建议的《静悄悄的革命》里，他身体力行地做到了。

文字是心灵绽放的花朵。朴素诚恳的语言，最能摇人心旌。于是我一气读了两遍，随他专注的眼、体察的心看见了他的看见，感受了他的感受。

二、"主体性"神话

教学是由"学生""教师""教材""学习环境"四个要素构成的。在这四个要素中，最近的倾向可以说都集中在"学生"这一要素上。特别是重视学生的"需要、愿望、态度"的"新学力观"提倡之后，学生自主地设定课题、主动探索、自己解决问题的"自我学习"形式等，均被树立为理想的教学形态。从上周到这周我观察的10个教学活动中，都强调"自己解决""自己决定""自我实现"等，即只针对上述四要素中的"学生"这一要素。这是一种将学生的"主体性"绝对化的倾向，现在所有的教学中几乎都能看到这一倾向。

毕竟是一衣带水——又一个"情况何其相似"。海的这边，由于过分强调学生自主，也将"主体性"推至颇具讽刺意味的神话境地。课堂上，教师噤若寒蝉，不敢说话、不敢"告诉"，连"我认为这是一篇好文章"都不能说，因为热衷于神话的人们以为："教师站在讲台上，就必定处于话语霸权地位。你的发言，再怎么低调，也是占着先天的优势，要实现师生平等的抗衡和交流实际上是不可能的。"

为什么一定要抗衡？我们不是来一起学习的吗？难怪，一位工人师傅听过专家好评如潮的公开课后，气愤不已："我辛苦挣钱送儿子进学校，是让他来听老师讲课，是来学知识的，不是来参与闹哄哄，听人闹哄哄的。有这份闲工夫，不如自己在家看书呢。"

抽取已有的知识来解决疑问的办法，就是获取知识。在这里，不一定要把学生一个接一个地喊起来回答问题，听他们说些什么，然后把他们的零散的回答凑成一个总的答案，这样的做法只能造成表面上的积极性，而不一定能调动每一个学生的真正的思维积极性；有些学生在回想和回答问题，而另一些只是在旁听。而我需要的，是要使所有的学生都进行思考，进行紧张的脑力劳动。因此我常常用这样的做法：一旦引起学生的疑问之后，我就自己来讲解教材，而不喊学生起来回答个别的零碎的问题。

（苏霍姆林斯基《给教师的建议》）

个人猜度：苏霍姆林斯基的课堂，在把"学生自主性"强调到至高无上的今天，也是不合格的。因为现在，教师的"告诉"，就是专制——难怪有人说，为反对"教师专制"而出现的新课标，由于是自上而下强行推动的，而非来自每一间教室和每一个教师的"静悄悄的革命"，已经衍生出一种新的专制：浪费生命，将学习当闹剧的低水平的师生对话——生生对话的专制。

这种神话的虚妄，其实很容易证明：上课之始，教师就不能发言，因为当他说"同学们，我们来学习××课文"的时候，"主体"就可以打断他："老师，你不能替我们决定上什么课文，而应当和我们商量今天上什么课文。"

光是讨论这一个问题，恐怕40分钟就不够了。

警惕新的专制！

三、"被动的能动性——应对"

毕竟是一衣带水——看过此书我才知道,原来,在日本,与"自主性"神话互为表里,过分强调"自主自习""自我教育力"的声音也是甚嚣尘上。我十分欣悦地读到下面的论述:

> "被动的能动性"正是我所追求的教和学的形态。
>
> 对于具体表现教学内容的教材的"被动的能动性——应对"是很重要的。然而不仅如此,对主导地组织课堂学习的教师的言语的"被动的能动性——应对",以及对其他学生的言语的"被动的能动性——应对",对自己自身的感情、印象或思考中的犹豫的"被动的能动性——应对",都在学习中有决定性的重要意义。
>
> 自古以来就认为"慎学、善思、明察"在学习中起着决定性的作用。古今的一切文献中,言及学习都追求这一"慎学"本质。而"自主性""主体性"或"努力""欲求"等并不是学习的本质。

说得多么好啊!这些话,引起我绵延温暖的记忆——无数安静或不安静的环境里,无数或长或短的时间里,只要面前展开的,是先秦诸子、唐诗宋词;王国维、鲁迅、王小波;狄金森、泰戈尔、里尔克;《复活》《牛虻》《呼啸山庄》《简·爱》《悲惨世界》《生命中不能承受之轻》……我心灵的天空便空阔无边,一碧如洗了。外在的喧扰很难破坏我的充实、幸福和宁静。

为什么?因为那时候的我,面对伟大的文字和思想,是绝对处于一种五体投地的"被动"之中的。只有贪婪,只有倾倒,那时的我恨不得真的变成一块干燥的海绵——用尽每一个细胞的力气去吸收。

是这种彻底的"被动",使我获得了可以对抗尘世暗淡与烦恼的能动性。而这种能动性的大小,与作品伟大的程度和我阅读时的被动程度,恰成正比。

当然,如果读得够多,如果想得够深,如果天赋不差,迟早我有"走出来"对那些著作做评论的时候。但我深深地知道,那一定是在我充分汲取之后,而不是在虔诚地沉浸或膜拜之先。

你就说我没有自主性吧。口称"我谁都不崇拜"的自豪之人我见过很多，可惜比起他们荒唐浅薄的自吹自擂，我更愿意重读一卷旧的温馨的小书。

学校学习和自学不同，在于作为动态过程的学习，是"个体和个体的互相碰撞"并发生反响和激荡的过程。

那么，下一个问题是——学生凭什么去碰撞？凭空空如也的头脑和日益封闭膨胀的"自我"吗？如果我们一味鼓励学生张扬个性，势必将其引至我行我素和心灵闭塞的歧途。那么，学生不仅没有形成良好的习惯，获得丰富的知识，反而会习得浮躁、自大、拒绝倾听、难以交往的种种毛病。所以，佐藤学提醒我们：不要以发言为中心来考查学生，而要以是否学会了倾听来考查他们。

如果我们希望在课堂上更好地培养学生的言语表现力的话，那么与其鼓励他们发言，不如培养其倾听能力。

这就是作者一再强调的，在学习中起决定性作用的，学生必须具备的，对于教师言语,对于同学言语和对于自己内心感受的应对——"被动的能动性——应对"。

当然，应对是互相的。与之对应的"应对"，是教师对"每一个"学生的应对。不仅听见发言，看见表情，还要倾听他们身体姿态发出的语言，听见他们或兴奋或厌倦，或理解或困惑的心声，以此为依据来调整自己的教学。用作者的话说，是准确接住学生投过来的每一个球，哪怕那个球投得很偏很差，你接住之后，他会奋起投出更好的球。

这种投球般的快感，我认为应当是教师与学生互动的基本。

四、润泽的教室

可以说，与之（润泽的教室）相对而为另一个极端的教室，是那些由缺少人情味的硬邦邦、干巴巴的关系而构成的教室。如像那些吵吵闹闹、发出怪声的教室；那些仅仅是白热化的发言竞争,学生表面活跃地不断叫着"是的""是的"，高高地举手的教室；那些空气沉闷、学生的身体坐得笔直笔直的教室；等等，大都可以划入这一类。

　　在"润泽的教室"里，教师和学生都不受"主体性"神话的束缚，大家安心地、轻松自如地构筑着人与人之间的关系，构筑着一种基本的信赖关系。在这种关系中，即使耸耸肩膀，拿不出自己的意见来，每个人的存在也能够得到大家自觉的尊重，得到承认。"润泽"这个词表示的是湿润程度，也可以说它表示了那种安心的、无拘无束的、轻柔滋润肌肤的感觉。"润泽的教室"给人的感觉是教室里的每个人的呼吸和其节律都是那么的柔和。

　　之所以摘录那么多，是因为这两段话我太喜欢了。这两段话是我千里之外的朋友在电话里给我读过的——那时，她还没有把书送给我呢。

　　"润泽的教室"给人的感觉是教室里的每个人的呼吸和其节律都是那么柔和。

　　那个七月的夏夜，因为这段朗读而润泽了。沉默片刻，她问："知道我为什么一定要打电话念给你听吗？"

　　"润泽，这是你我共同的追求。"

　　"不——不光这样！"她的声音变得更加激动，"因为我曾置身于'润泽的教室'——在5月，在你那里。一生难忘。"

　　"是的，这我不必谦虚。"

　　电话里，朋友又一次背诵起我学生"随便写"里的句子。

　　"老师啊，你说有客人要来听课，我讨厌来人听课。因为在没有人的情况下，我们的语文课就像一首歌、一幅画。我坐在里面，光是听，就觉得好幸福。我不喜欢被人打扰了。"

　　静听中，我想起了那个沉默寡言的"小伙子"，想起了与之厮混六年的那群男孩女孩——刚刚收获，就要分别啊。叹一声，念起那堂读书课上我对男孩说过的话："我是一只蜗牛，小小的壳里，有我自足完满的世界。因为你们，每一课都让我充满期待；每一个40分钟，都可能是心与心的美妙合奏。李江涛，你知道吗？我也不喜欢被人打扰啊。"

耳朵里,轻柔地,朋友接着说:"一直不能理解你为什么拒绝我们听课,去了我才知道,你和你的学生,太珍惜那种幸福和润泽。"

"润泽是日久生情的默契,润泽是耳濡目染的熏陶——润泽的关系,只可能存在于教师和自己孩子之间。润泽的教室,也只能是自己的教室。在我们这里,在借班上的公开课上,你是永远看不到的。"

"没办法啊。"

现在我读完了,现在我知道了——办法其实是有的。

那就是要有加纳那样的校长,扛着录像机,录下学校里每一个教师的日常课堂;那就是要有佐藤学那样的教育理论家,20 年如一日地与教室里每一个学生和教师共鸣——然后才有了真实而生动的观察,然后才有了诚恳朴素的建议。

"作为教育专家的教师"——这是佐藤学反复使用的词语,这让我倍感亲切!我以为作品动人的最高境界乃是让读者立刻产生行动的冲动。

此时此刻的我,恨不得立刻开学,立刻去到陌生的一年级娃娃中间。我要从一点一滴做起,将那五十多人的小房间培育成润泽的教室。

> 静悄悄的革命是从一个个教室里萌生出来的,是植根于下层的民主主义的、以学校和社区为基地而进行的革命,是支持每个学生的多元化个性的革命,是促进教师的自主性和创造性的革命。
>
> 这场革命要求根本性的结构性的变化。仅此而言,它就绝非是一场一蹴而就的革命。因为教育实践是一种文化,而文化变革越是缓慢,才越能得到确实的成果。

我不怕慢,相反,我对急风暴雨式的突变倒有着本能的反感和警惕。作为普通小学教师,不管"上面"的考核怎样频繁和多样,我将以六年为单位,以学生身心润泽的程度考查我的劳动。我有足够的时间,去赢得缓慢而确实的成果,缓慢而确实的人生体验。

与大师对话

——读《给教师的建议》

一、就这么写了

工作 20 年来读到的第一本教育专著——师范必修的《教育学》，于踏上讲台之前，彻底败坏了我的胃口。

7 月 15 日，那个炎夏之午，庄严合卷之后，"苏大师指出"便成了我的口头禅——在电话中、在短信里、在跟帖中。我的这些朋友，"特"或"不特"，都是一方名师，个个年龄比我小，个个业务比我强，个个比我先读"苏霍姆林斯基"，然而，当我口若悬河，以"苏大师指出"为引子，褒贬现状的时候，她们还是被我惊人的记忆力震慑住了。

"看云，你不是读，你这简直是在吃啊！"

同时读的，还有其他几本闲书，之所以"吃透"这一本，只是因为：一切的写作，都是写自己；一切的阅读，都是读自己。如果我的心里没有预先存了一张期待吟唱的琴，一口期待发声的磬，来自大师的抚触和叩击，又怎能让我激动、震颤，发出强烈共鸣呢？

对，就是共鸣。《给教师的建议》带来的，不是高山仰止的惊叹，更多的是心有戚戚的同感、快感。尤其是当我发现，全书十之七八都是在说读书：学生要读，家长要读，教师更要读。

"这些话，简直就是替我写的。如果由我来写，必将更有文采！"躲在没人听见的地方，我这样给自己吹气。可是，有谁拦住你，不让你"更有文采"地写了？

是这样：一直存在的感想和质疑，自顾人微言轻，以为说了白说，写了白写，自己先就将它们压抑、轻掷，任其委顿消湮成为模糊的雾气和暗流了。没有人拦我，因为懒惰、自卑和缺乏韧性，是我自己选择做了"沉默的大多数"。有些事情即便做了，也不敢往大处想它的意义。出了自家教室，所作所为宁可无人知晓，唯恐招致大不韪的批评，唯恐打扰了自己蜗壳里的安宁。

现在，我可以引大师为佐证了；现在，我知道自己摸到的是一条正道了。这是一件值得高兴的事情，然而，随之而来的是深刻的沮丧。因为我发现，一直讨厌"育人"之说，一直嚷嚷着"道在立人"的我，其实自己还没有立起来呢。

下面，我就书中感触最深的几点，结合实践谈感想。我知道，这样的写法，很不合读书心得的套路。一直以来，我就是这么写札记的。喜欢的人很喜欢，不喜欢的人很不喜欢，于是幽囚 D 盘（电脑磁盘）成了它们理所当然的归宿。

"个体化倾向过于强烈。本末倒置，冲淡了书籍给人的印象。你该走大家通行的路子，那样写反而容易，也便于发表"。这话很有道理！可是，每一个人都是一个独特完满的小宇宙，哪怕是作为读者，面对自己完全拜倒的作品，越是深刻的解读，就越具有再创作的成分，就越会在阅读表达中融入和凸显自己。如果剔除了"我"的存在，那还是"我"的感想吗？也许，与大众套路的不同，正是"我"的价值所在呢？原本读书就是为"我"活得更好，而不是"我"活着为了读书呀。本末倒置，什么才是真正的本末倒置呢？

写作的人，很少不想将心血变成铅字的。"大道甚夷"，我还真的犹豫过呢。可是现在，我决意不改了——其实，这"决意"也是一条重要的心得体会啊。我们每读一部好书，首先应当是让自己的心灵受洗，然后，才能谈得上对学生施以影响。

我行我素，就这么写了。

二、"滋养大河的溪流"

读书是我的生活方式。因为读得慢，所以读得少；因为只求一读之乐，所以不在乎快慢、多少。

之所以"喜欢"教书，只是因为这是为数不多的，可以让我在上班时间堂而皇之读我所爱的行当。也曾考虑过开书店或者做图书管理员,可又觉得读之外、读之内,只跟书本打交道,也够死气沉沉,也够让人崩溃的,还是和活蹦乱跳的娃娃厮混比较有趣,比较有成就感。一个人读是多么寂寞啊,坐在教师的位置上,至少我可以大胆"以权谋私",己之所欲,必施于人。

我很高兴看到:大师不谈具体教学技术和方法。教过众多科目,他是很有资格一谈的。他选择了"务虚"的一路——只谈读书。于是这些建议,这本书,便获得了超越时代、国界和学科的普遍价值。

怎样做到终身备课?这就是读书,每日不间断地读书,跟书籍结下终生的友谊。潺潺小溪,每日不断,注入思想的大河。读书不是为了应付明天的课,而是出自内心的需要和对知识的渴求。

教师进行劳动和创造的时间好比一条大河,要靠许多小的溪流来滋养它。

(《给教师的建议》中的《教师的时间从哪里来?一昼夜只有24小时》,以下凡引此书,注明其中的篇目出处,并以仿宋体显示)

不管你到公共图书馆去借任何一本书是多么方便,我还是劝你建立起自己的藏书。

(《给刚参加学校工作的教师的几点建议》)

学生的智力生活的一般境界和性质,在很大程度上取决于教师的精神修养和兴趣,取决于他的知识渊博和眼界广阔的程度……对一个教师来说,最大的危险就是自己在智力上的空虚,没有精神财富的储备。

(《为什么学生感到越学越难了呢》)

"语言素养"——大师以为,无论你教什么学科,这都是作为教师必须具备的"基本素养"。否则,学生听课如同受刑,为了取得好成绩,孩子们将以健康为代价。

清晰简练、生动新鲜的教学语言会使学生对你的每一节课心存期待。他们知道:从你嘴里出来的话,绝不会重复昨天的,绝不会是机械迂腐的陈词老调。无论教学辅助手段多么发达,语言永远是教师联络感情、传授知识、激发思维的最重要、最基本的方式。具有足够吸引力的、新鲜活泼的语言从哪里来？读书——只有读书。

"无机物是怎样通过光合作用变为有机物的？"一般的生物教师都这样问，教材上也是这么写的。同样的问题，大师却是这样提出的：

> 在植物机体这个复杂的难以捉摸的"实验室"里，在阳光的照射下，把矿物肥料这种无生命的东西，变成了西红柿甘美的肉汁，变成了玫瑰的芬芳的花朵，这一切是怎样进行的？
>
> (《要使知识"活"起来》)

这样的生物课，这样的教师所任的生物课，怎不引人入胜？怎不令人向往？古人云："得遇良师，家门有幸。"做他的学生，真是幸福啊！

不是每个人都可以将一己之好与职业结合起来，并形成水涨船高的态势的。很高兴，自己首先是个读书人，然后才是教师。

培养学生读书能力太重要，培养学生读书能力的方法有很多。在这堪称伟大的过程中，大师特别强调教师自身修养对于学生潜移默化的作用。课外阅读当然需要切切实实地抓，如果手上的"抓"和心里的"熏"结合起来，那么一切将进行得轻松、美妙。

由于发自内心的爱读，由于无数溪流的滋养，当教师成为丰盈清澈的大河时，他的学生便做了那些有福的草树。

生命是一条河。岸芷汀兰，郁郁葱葱，多么好。

三、"30年的经验使我深信"

教学中，我最喜欢做的事情是诱导学生读书。为此，我软硬兼施，解数使尽。6年下来，由于《给家长的公开信》，由于只谈读书的家长会，由于孩子的中介作用，有关"大量的、高品位的课外阅读"的重要性，我们家长都能在大客车、农贸市场、上下班的路上，向别的家长道出个一二三来。这让我甚觉得意。

我"喜欢"诱读，多少也有私心的成分：如果把学生比作羊儿的话，只要他们爱读了，那我就把他们引到了丰美开阔的草原上。"天苍苍，野茫茫，风吹草低见牛羊"，有了广袤无垠的课外读物，圈养改为了放养,不但自己悠闲,羊儿还比别家的漂亮、结实、有活力。多么美气。

另外,对于课堂教学的众说纷纭,也是我立意突围的重要原因——沉静／活泼;启发／自学;灌输式／接受式;人文性／工具性;主体地位／主导作用;超越文本／紧贴文本;互助合作／独立探索……每一堂课、每一个细节,你都可以听到多维的、彼此相反的指导和评论。听听谁说的都有道理,想想怎么做都遭指责。在我们有责任心、爱好兼听的人看来,这教室简直不能进了,这书简直不能教了。

教材的最终作用在于通过它,使孩子们学会读书、喜欢读书。最好把教材比作一条船,船的作用是驾驶着它航行大海,而不是把边边角角、沟沟缝缝摸索得一清二楚。

"一勤养百懒",从前将这事归于语文教学。现在才知道,"放养"的意义,绝对不止于语文——从中受益的,也绝不止于现在的各科教师及其教学。

离开学还有十几天,我将更加兴致勃勃地投身于"放养"的事业。一靠督促检查,二靠建立在学养和品行之上的个人威信,三靠课堂教学中时时贯穿着的面向"课外"的指引。

> 30年的经验使我深信,学生的智力发展取决于良好的阅读能力。
> (《教师的时间和教学各阶段的相互依存性》)

> 必须识记的材料越复杂,必须保持在记忆里的概括、结论、规则越多,学习过程的"智力背景"就应当越广阔。
> (《"两套教学大纲",发展学生思维》)

> 请记住:儿童的学习越困难,他在学习中遇到的似乎无法克服的障碍越多,他就应当更多地阅读。
> (《谈谈对"后进生"的工作》)

> 一个人不想求知,他就好比用一道无形的铁栅栏把自己跟广阔的天地隔离开来,然而谁知后来这道无形的铁栅栏也许会变成真的牢狱呢!
> (《要保持"水源的清洁"》)

这样的话太多太多，几乎占了全书一半。这样的话，我是百读不厌啊。再录一段：

> 如果在青年中间出现一批热爱书籍，把读书看得比从事其他业余活动都更加重要的"怪人"，那么，那些用其他的、似乎是强有力的手段也无法对付的问题就都会逐渐消失。
>
> （《"思考之室"——我们的阅览室》）

面对永难消弭的社会问题，尤其是青年问题，世上没有包医百病的灵药。如果有的话，在苏大师看来，无疑就是书籍。

到了六年级，不光是学生，连我都对每周一次的读书课心存期待。因为在那里，我常常被震撼，常常被学生带来的故事感动到了落泪——这是多么幸福的洗礼。

《小王子》是我向他们推荐的最后一本小书。当我读到结尾，当我看见蒙眬的泪眼，我知道，他们心中一根柔软的琴弦被拨动了。一直以来都在努力，一直以来以为是我使他们保持了柔软，到后来才知道，这是一个相互作用的过程。

和孩子一起成长，和孩子一起保持清洁、生机和柔软，真好。

四、"家庭要有高度的教育学素养"

看见这个标题，我乐了；在这里敲出它，我又一次笑出声来："大师你好天真啊。这简直是废话——梦话！"

可是人生的意义，不就在于把梦"部分地"实现吗？

只有在这样的条件下才能实现和谐的全面的发展：两个教育者——学校和家庭不仅要一致行动，向儿童提出同样的要求，而且要志同道合，抱着一致的信念，始终都从同样的原则出发，无论在教育目的上、过程上还是手段上，都不要发生分歧。

> 生活向学校提出的任务是如此复杂，以致如果没有整个社会首先是家庭的高度的教育学素养，那么不管教师作出多么大的努力，都收不到完满的效果。学校里的一切问题都会在家庭里折射

地反映出来；学校的复杂的教育过程中产生的一切困难的根源都可以追溯到家庭。

（《全面发展教育思想的一些问题》）

做了20年的班主任，我早就知道，一个问题孩子的背后，必定存在着一个问题家庭。你想彻底改变一个孩子，就意味着要同时教育好他所在的整个家庭——爸爸、妈妈，很多时候还要加上爷爷、奶奶、外公、外婆以及那个家族中举足轻重的七姑八舅之类。

把这样的问题看明白了，好处至少有两个：第一，面对难以对付的问题孩子，划清分内分外界限，在该原谅自己的时候原谅自己。"但问耕耘，莫问收获。"凡事做到问心无愧就行了。千万不要听信那些"爱心的奇迹"，否则累死、气死，也只白白证明了你的不明事理和不自量力。

第二，班上出了好孩子，也不要将那"好处"全部归于教师或者学校。如果你在该感谢人家父母的时候将功劳大包大揽了，那么，你同时就该负下不该你担的责任，比方让奸商的孩子懂得诚实守信。

所以学校也好，教师也好，工作视野一定要扩大到学生所在家庭。"家庭智力生活背景"，即书籍在家庭生活中所占的分量，于学龄前，便在很大程度上决定了儿童智力生活的状况。

那么，怎样对学生家庭施以有益的影响呢？真是"一招鲜，吃遍天"啊，大师的建议还是两个字：读书！教师要不厌其烦地劝导家长读书，多读书、读好书。在他的学校里，家长会的主要内容是读书汇报，朗诵，是其中必备的节目。

我也是这样做的。洋洋洒洒的《给家长的公开信》上，大考之后的家长会上，从来不屑于析试卷、谈分数。我最爱汇报的是我们师生的读书成绩，我最爱说的是劝家长读书。"不要问我您孩子的语文分数，这我不清楚。让我告诉您，孩子正在读的是什么书！不要苛求孩子，学校是同一所学校，教师都是一样的教师。不一样的是他们来自不同的家庭，有着不一样的父母。如果你觉得你的孩子不够聪明，那是你遗传的原因；如果你觉得你孩子的行为习惯不好，那是你的教育出了问题！一个班级里，孩子之间的竞争，归根到底是家长之间的竞争，品行的、教养的、学识的、遗传的竞争。所以，如果希望孩子好，那就先成为好爸爸、好妈妈，那就从今晚做起，和孩子一道，安静地看书。如果你不能在书桌前坐半个钟头，又如何要求孩子每天坚持六七个小时的艰苦学习呢？养育，养育，在物质条件相对富足的今天，作为父母更重要的责任在育——教育，而不是养。爱而不会爱，等于不爱……"哈，我可真能说。

苏大师则告诉我们：所有那些有教养、好求知、品行端正、值得信赖的年轻人，他们大多出自对书籍有着热忱的家庭。

当然，你也可以举出文盲父母"培养出"优秀子弟的例子来反驳。但你不要忘记，物以稀为贵。之所以文盲之家的才俊可以名噪一时，恰是因为那样的情况少啊。书香门第出学者，谁会为此而惊讶呢？

孩子背宋词，是要让家长签字的。我问："有大人听你们背的时候，他们自己也跟着背吗？"全班只有两个孩子举手。一个是爷爷，一个是妈妈。

"太棒了！这就是学习型的，最优秀的家长呵！告诉你的爷爷，告诉你的妈妈——薛老师向他们致以崇高的敬意！"简短然而热切，就说这么多。看吧，等到下次再问，跟着孩子一起背的家长，就有五六个啦。

我没有权力给家长布置作业，但我可以以孩子为媒介，将我的教育思想传布到他们中间，当然，前提是他们从内心深处希望孩子好，愿意接受教师的建议。

无论如何，很多事情，做和不做还是不一样的。一样的出力，事倍功半还是事半功倍，利在一时还是功在长久，也是不一样的。我是个爱惜心力的懒人，当然要选择效率高、功德长的事情做了。

"知其不可为而为之"，这是一种无奈，又何尝不是一种坚韧呢？

五、"不应当过分追求直观性"

不要在儿童早已知道的东西周围"摆满"各种直观手段，这会阻碍抽象思维的发展。即使教师拿一只活猫到课堂上来，儿童对猫也不会有更多的理解。如果真的有必要讲到猫,那你就得想一想,怎么给学生讲一点完全新的东西。

(《我怎样写教育日记》)

这回我不笑了。因为我想到近年来看到的,各级教学比赛和优质课上无处不在的课件——无处不在的直观性,还有表演、游戏之类的"语文活动"。

现代科技毕竟不是白给的。课件一用,现场气氛立刻热闹,视觉效果立刻亮丽。可是,当你追问"非如此不可吗"的时候,私下里,你得到的回答大多是:"否则太单调了。""大家都用我不用,显得我太土。怎么也得显示我们掌握了现代教学技术啊。""光是讲读,光是讨论,哪有那么多话啊。""看一看,演一演,时间过得也快些。听众、评委不着急。"

当然,也有说到"激发思维""营造情境"的。可是,如果你问:"非如此不可吗?""激发思维也好,营造情境也好,文本是最值得发掘利用的资源,这一点你充分做到了吗?"答案,必定又要回到上面的话中找寻。

你再问:"在自己家里,你也这么热闹吗?"

"那我还不早死透了!这种银样镴枪头,一学期最多耍一回。"

我以为,不需要再问了。

这场革命要求根本性的结构性的变化。仅此而言,它就绝非是一场一蹴而就的革命。因为教育实践是一种文化,而文化变革越是缓慢,才越能得到确实的成果。

(佐藤学《静悄悄的革命》)

可惜,这样的话不是我们同胞发出的。

"一万年太久,只争朝夕。"中国人向来性急,20世纪50年代"跑步奔向共产主义"的结果,使我们落后世界更多年——看看课改的声势浩大。一轮又一轮的教育改革,一种又一种的时兴招数,你方唱罢我登场,反应慢的总在苦叹疲于奔命。有什么情绪静心潜修?

教育是润物无声的美丽缓慢的事业，从容是一切教育工作者必备的心态。然而在现在，到哪里去找安静的精神栖所，容你安静修炼，成为大师推崇的那样：

> 村里所有的人，从白发苍苍的老人到小孩子，看到他都肃然起敬，仰慕他那非常渊博的知识。……凡是从法尔图什尼亚克所在的学校毕业的学生，都能终生保持着对知识的渴求。

(《农村学校的特殊使命》)

无论现代科技手段怎么发达，辅助手段就是辅助手段，永远不能替代教师的思想——情感，也就是语言，在教学中的作用。教育的个性化、情感化、人文化正在于此，教师行业的不可替代性也正在于此。试想，当一堂"好课"的成因主要在于课件，在于适时按动鼠标的时候，是否就意味着教师本人可以退场了呢？

公开课上，色彩缤纷的课件，形式多样的活动，更多是作为刺激、调动学生的手段而使用的。"从那样的课堂走出来的学生，如何可以做到沉思静读；如何可以在白纸黑字的中间感受到美和激动？"我读到这样的话十分高兴，这是大师的当头棒喝啊。我愿不厌其烦地录下：

> 一些鲜明的、非同寻常的事物，作为激发学生兴趣的手段来看都是很诱人的，但是如果教师不善于运用，却会转化为它的对立面。

(《在课堂上怎样指导学生的脑力劳动》)

我们必须十分谨慎地对待激发大脑的"情绪区域"的问题。

能够把少年"拴"在你的思路上，引着他们通过一个个阶梯走向认识，这是教育技巧的一个重要标志，就是课堂上出现一种"灵敏的寂静"的气氛：学生们仔细地倾听着每一句话，你可以逐渐地把声音放低，用不着使用那种专门的演讲式的语调对他们说话（这种调子会很快引起学生的疲劳），而使用人们之间平常交谈的语调。

经验证明，讲课当中过分激动人心的、鲜明的、形象的东西，会使得少年过度兴奋，会使大脑两半球皮层进入某种麻木状态。

采取很原始的办法来激起学生的兴趣,在这件细致的事情上缺乏教育素养——这正是使人们感到少年是"最难对付的人群"的严重原因之一。

(《在课堂上怎样指导学生的脑力劳动》)

需要指出的是,这里的"原始的办法"指的是离开教材实质本身,频繁刺激学生娇弱的"情绪区域"的行为。在苏大师看来,那是一种"缺乏教育素养"的,使教学陷入"弹药补给"式窘境的行为。不仅是不明智的,也是不负责任的和残忍的,从那样的课堂里出来的学生"根本谈不上从事正常的脑力劳动"。

"课不够、热闹凑。"个人以为根本原因在于自上而下蔓延开来的浮躁心态。恶风所祸,最直接的后果,就是教师队伍里,越来越少真正的读书人。远水不解近渴啊,为出成绩,个个追求短期效应,个个往自己的一亩三分地里猛施化肥,说什么"着眼一生",谈什么"百年树人"?

借用苏大师的一个词,这样的课改,这样的教师,不过是些"空心的花"!

"如无必要,勿增实体。"如果我们都操起奥戴姆剃刀,那么我们的课堂将变得多么朴实、丰饶和干净。课件当然可以用,游戏当然可以做。只是希望教师多问一声:"非如此不可吗?"然后真诚面对学生成长的需要,在该用力的地方多下工夫。

六、警惕"庸俗的亲昵关系"

建立师生之间的友谊,是要付出巨大劳动,花费许多精力的。有些人认为,要建立师生之间的友谊,只要带领儿童去参观旅行,跟他们一起坐在篝火旁烤土豆吃,跟他们一起分享欢乐就行了。这些看法都是很错误的。建立跟儿童的友谊,这是要用我们的力量、我们的思考、我们的明智、我们的信念和我们的情操去鼓舞儿童的思想和情感的事。为了建立师生之间的友谊,必须具有巨大的、丰富的精神财富。缺乏这种精神丰富性,友谊就会变成一种庸俗的亲昵关系,而这对于教育是一种危险的现象。

(《教师,要爱护儿童对你的信任》)

大师看见的"危险现象",在我们这里还顶着爱的美名呢。

周末,下了冬天里的第一场大雪。下午,孙老师急匆匆去学校。

"和孩子们约好了,全班打雪仗!"

我和小安面面相觑,双双不以为然。

"真是没事找事啊,难道你不去,他们就不会玩了吗?"

"我去了,他们更高兴,更热闹,也更安全些。"

"我看未必!"我撇一撇嘴:"打个比方啊,我们一拨家伙玩得自在,领导过来了,你是希望他加入我们呢,还是希望他赶快离开?"

"理论联系实际,密切联系领导。我们老孙,肯定是希望和头儿一起玩的!"真所谓物以类聚,小安也不善。

"咳,我懂得你们的意思。好了好了,是我需要他们,是我自己想和他们一起玩,行了吧!"老实巴交的孙老师,简直是在告饶了。

反正清闲没事,反正彼此知无不言习惯了,两个家伙决心好好给亲爱的伙伴洗一洗脑,一边同路走着,一边循循善诱:"承认了就好啊。自作多情外加精神空虚,这咱看得出!可是,你征求过他们的意见了吗?你告诉过他们有拒绝你的权力吗?"小安真棒,小安该当律师的。

"即便他们都欢迎,你也不该有这样的提议,你该从热烈欢迎中看到可忧的一面。"我决心赶尽杀绝。"真正的成长,是在父母和老师看不见的地方实现的。给予充分的自由空间,让他们在碰撞中形成并懂得遵循游戏规则,这是学会交往、实现自我教育的必经之路,也是他们不可剥夺的快乐权利。一年才下几场雪?这是天赐给孩子的节日和礼物啊,你不该这么自私的!而且,你的参与,是在无意中暗示孩子——和老师在一起玩有特别的快乐和荣幸,也是不好的。纪伯伦说过:'你们是弓,你们的孩子是从弦上发出的生命的箭矢。'我们所有的努力,都是为了以自己为基座,把孩子尽量高尽量远地射出去。如果我们爱他们,应当尽早让他们成为独立完满的自我。不该让他们以为教师参与的游戏有特殊快乐,而是一人独处也能自得其乐。这就叫作立人!"

"我，我，我……"孙老师晕了，不停地摇动着手里的钥匙，这是她特意向门卫要来的，她这是特意提前半小时赶到校园的。

两个坏蛋良心发现："去吧去吧，总不能言而无信啊，记住下不为例！"

星期一，办公室里就此展开了热烈讨论。我们取得如下共识：小惠未遍；君子不重则不威。教师的威信应当建立在过硬的师德、高超的教学艺术和渊博的学识之上。为学生过生日，课上课下和学生打成一片，和学生称兄道弟的行为，至多可以看作一种个人爱好，绝对不是值得提倡的爱心行为。

"需要的时候，我当然和他们联欢、游戏。可是，如果学生离开之后，想起我的好，只是包饺子、捉迷藏之类，我以为那是我最大的失败。我更愿意将主要精力，放在提升自己学养和业务水平上——雪仗一年打几次？月饼一年只能吃一个晚上，我所乐意做的，是以自己拥有的精神财富，滋养树的根部。这是更艰苦、更明智也是更有尊严的事情。"

我特别愿意摘录《美国优秀教师行为守则》中的第八条：

不要和学生过分亲密，但态度要友好，记住自己的目的是尊敬，而不是过分随便。

七、"那也许还会好些"

《关于和谐的教育的一些想法》中有这样一个事例：米哈伊尔遇到的最大障碍是作文。小伙子跟语文老师尼娜·彼特罗芙娜之间发生了一场难解难分的冲突。在他看来，作文真是一种高不可攀的智慧的顶峰。女教师在教师日志里一个接一个地给他打上"两分"。于是，米哈伊尔他就不再交作文了。在尼娜·彼特罗芙娜的课堂上，他开始"搞出各种各样的花招"来……当知道米哈伊尔要离校参加工作的消息后，同志们都向尼娜·彼特罗芙娜表示祝贺……

一天，女教师家的电视机第四次坏了。按照叮嘱，修理部派来了技术最好的师傅——就是曾经气得她面孔发白、双手颤抖的米哈伊尔。

看着米哈伊尔默默工作的两个小时里,教师经历了巨大的痛苦。她多给了旧日的学生3个卢布。

米哈伊尔把钱退还给老师,低声地、然而带着一种激动的心情说:"您这是为了什么呢?难道您是这样教育我的吗?我的作文写得不好,可是我毕竟学会了正确地生活。当时我也喜欢您的课……是的,比任何别的课都喜欢。这些课会一辈子留在我的心里。"

捏着3个卢布,女教师久久地坐着,哭着——这是全书唯一让我落泪的地方。

我能想象到尼娜·彼特罗芙娜深切的自责。是的,她的"严格"从职业的角度看无可指责。然而,恰是她的"认真",令孩子一步步坠入自卑、沮丧的深渊,直至与教师反目为仇,直至在离八年级结业还有3个月的时候,母亲央求给孩子退学,"随便找什么工作去做"。

我能想象教师的懊悔。

可是我不敢想象,是怎样一种不能忍受的痛苦,使孩子无法熬过剩下的3个月。再不能愉悦地面对教师,再不能快乐地坐在同学中间,逃离教室,逃离折磨,"随便"做了电视机修理工——原本,他是喜欢语文课堂的。

是的,一个接一个的"两分"是客观、准确的。然而,如果教师宽松些,情况将大大不同。就凭"喜欢听课"这一条,也不该忍心给他判"两分"。可怜的孩子,他是凭着这一点"喜欢",顽强地固守着课桌呢,本该万分珍惜的学习热情,教师却给他判了死刑。

有些孩子在有些学习领域就是不开窍,这是没有办法的事情。用大师的话说,这些孩子,是世界上最软弱、最需要给予关爱的花朵,我们怎能用一杆分数的铁尺,将他们打入绝望的痛苦的深渊?

巴甫里克,另一个被教师牢牢盯住的"差生"。女教师是那么负责,以至于在巴甫里克难得一乐的时候,一心要把孩子拉回书桌补课。对此,大师的看法是:

> 说来是很奇怪的,如果这位女教师对巴甫里克不是那么关心,如果她能放手让巴甫里克的发展接受学校生活那种迅猛潮流的影

响,那也许还会好一点。

(《一个"差生"的"思维的觉醒"》)

是啊,如果在适当的时候,放松一些,可能更利于这些孩子的成长。见分不见人,也是一种不负责任。

"不可救药的差生",班班都有。当我们焦灼、气愤的时候,应当冷静地想想:这样两败俱伤地揪住不放,是否适得其反呢?也许马虎一点,放手让他们的发展"接受学校生活那种迅猛潮流的影响",让他们们随大溜地"跟着混",保留一份懵懵懂懂的学习快乐更好?

只有像监工那样有着一颗冷酷无情的心的人,才会在给小学生打两分的时候,心里希望不懂教育学的家长对孩子采取粗暴的惩罚办法。

我从来不给小学的学生打不及格的分数。

(《教师,要爱护儿童对你的信任》)

只有那种明朗的、乐观的心情才是滋养着思想的大河的生机蓬勃的溪流。

(《评分应当是有分量的》)

在压力很大的今天,我们尤其更需要这样的提醒。谢谢大师,我记住了。

读洛克的日子

——关于《教育漫话》的漫话

前 言

约翰·洛克的《教育漫话》之所以被称为"漫话",是因为总计217条、15万字的这本小册子,全部由写给一个人的信件整理而来。

> 除了次序跟原信发出的时间不一致以外,其余很少变动,读者看了我有些地方行文的随便与文体的风格,就很容易看出,这些漫话,与其说是一篇公诸公众的论文,不如说是一段朋友间的私人谈话。
>
> (引自《教育漫话》,以下凡引此书,不再注明出处,只以仿宋体显示)

打动人的,恰是这种"私话"特有的随意和真诚。

不分章节,没有标题,作者自列的"条目",也缺乏明晰的逻辑顺序,常常是一个话题,这里谈过那里又谈,彼此矛盾的地方不一而足——你只当是炉边絮语的记录吧。不过是些个人建议,建议爱德华·葛拉克——他的绅士朋友,如何将儿子培养成为标准绅士——谦和明礼、举止优雅、品行端正、吃苦耐劳,既热爱知识,又能随时握起枪杆为祖国而战的英国绅士。

对我而言,凡所激赏、认同者,都是与我的想法相契合的,是证明我之已做和正在做的为合理的。我说过"一切的阅读都是读自己",这是没有办法的事情。

我丝毫不以自己的褊狭为羞。我以为,正是这种个体化的阅读及阅读表达,为这样朴实的名著注入了鲜活而温热的百样红紫、各具情态的蓬勃生机。否则,三个世纪以来,多少皇皇巨著成云烟,这本小册子，早就与食它的书蠹一起湮没了。

感谢"布勒地方的爱德华·葛拉克"——作者的收信人，如果没有爱德华·葛拉克的倾听，也许洛克诉说的欲望将无从兴起，也许这本饱含哲理而又深入浅出、生动感人的教育名著我们就无从读到。所以，难怪在佛教里，阿傩和迦叶地位同等。

还要感谢辛苦将书（另外还有四本）从南京背到杭州的萧玲——我的新朋友。如她自己所说，作为专门从事理论研究的教育学在读博士生，她是我众多朋友中的独一份——"我可以给你补钙"。

我会珍惜这份友谊的，可是，我也绝不会因此而委屈自己，硬读不喜欢的书。哪怕瘦弱的她，行李往来，背得那么辛苦。

一、健康

健康之精神寓于健康之身体，这是对于人世幸福的一种简短而充分的描绘。凡是身体精神都健康的人就不必再有什么别的奢望了。身体精神有一方面不健康的人，即使得到了别的种种，也是徒然。

开篇一段话，值得所有对孩子负有教养责任的成人牢牢记取。尤其在今天的中国，教师、家长同心协力，不应以孩子的身心健康为代价而榨取分数，以免造成悲剧。那些幸而没有酿出悲剧的，由此而在孩子身上种下的隐患，也需大家深思。

总要等到惨剧发生时才警醒，总要打着"为你好"的旗号而折磨孩子，殊不知，将来正决定于今天，正如今天生长于昨天。由于我们的深谋远虑，当孩子今天暗淡、苦痛、畸形的时候，生命健康成长的土壤已经板结，我们怎么可能希望当他作为"知识肥大症"的患者，成为片面意义上的"人才"之后，从前忽略、窒息了的重要方面，会一夜之间破土而出，茁壮成长？

为使孩子获得身体的健康，作者的建议有30条之多。

个人以为，值得中国父母记取的有如下几条：

1. 多吸新鲜空气，多运动，多睡眠。

在应试教育的大环境之下，对于孩子而言，社会和学校的环境是相对严苛的。这时候，家庭就要成为他的避风港。父母教育观之是否理性，就显得尤为重要了。多吸新鲜空气，多运动，多睡眠——尽力而为吧。

无论过去还是将来，我总是不厌其烦地告诉儿子："赢得了世界失去了自己，那又如何？孩子，请你记住，永远不以健康为代价，去做所谓拼搏。"

2. 食物要清淡。

洛克以为，孩子对美味的嗜好完全是父母培养出来的，随之而来的，是人对自己欲望克制能力的弱化。所以，对于饮食，如果孩子所提要求超出了健康的需要，身为父母的，必须毫不通融地予以拒绝。

当孩子哭着要求一种不卫生的、有危害的水果的时候，最常见的做法是给他危害较少的糖果，以买得安宁。在洛克看来，这样做简直是助长了他心田里的罪恶的源泉，下次有机会，他一定会再次爆发，而你所蒙受的苦恼也必定更深刻。

正确的做法乃是毫不留情地拒绝他。让他知道，他所能得到的，是适合他的东西——不需哭闹，父母也给——而绝对不是因为撒泼打滚就可以"争取"到的东西。

正如江河的源泉一样，水性很柔，一点点人力便可以把它导入他途，使河流的方向根本改变。教育的源头就是孩子的童年，很多事情，下手越早，越省劲。

> 身体强健的主要标准在能忍耐劳苦，心理健强的标准也是一样。一切德行与价值的重要原则及基础在于：一个人要能克制自己的欲望，要能不顾自己的倾向而纯粹顺从理性所认为的最好的指导，虽则欲望是在指向另外一个方向。

在洛克看来，一个想吃到什么就一定要吃到什么的孩子和一个想酗酒就酗酒的成人，从本质上说是一回事。而且，他之所以成为那种人，恰是因为幼年时候，父母一再屈服在他的纠缠耍赖之下，使他彻底丧失了自我控制的能力。

3. 衣服不可过暖过紧，尤其是头部和足部要凉爽。

假如有一个人，从出生起就赤脚，而双手用"手鞋"（手套）暖暖地包裹起来，那么他的手接触了凉水，也一定和一般人双脚浸透在凉水里一样容易得病。

初冬时节，天气还不太冷，班上很多孩子就一层毛、一层棉地穿了很多，戴手套写字的也大有人在。每到上课铃响起，这些孩子从操场回来，头像出笼的包子一样，汗气蒸腾。且不说这些热得头昏脑涨的孩子，能否神清气爽地听课，我坚信，长此以往，他们的个头，将不能长到自然恩赐给他们的应有高度。至于感冒，汗凉了，衣服冰冷地吸附在身上，那是显而易见的事情。

二、顺从

说到健康，势必说到养成良好的生活习惯。为此，洛克一开始，就将存在于父母和幼儿欲望之间的频繁而激烈的斗争提到相当的高度来讨论。其中心议题就是如何在大众看似"无关紧要"的日常细节中，培养孩子顺从的性格。

"精神在最纤弱、最容易支配的时候没有习于遵守约束,服从理智"，在洛克看来，这是一般人教育子女的重大错误。

童年是教育的源头，而溺爱，无异于将毒药下在水的源头。日后，做父母的尝到了苦水的滋味，再去抱怨孩子不服管教——这不是很奇怪吗？

由于溺爱和娇纵，孩子在不会行走之前，已经有支配女仆的意志；刚刚咿呀学语，父母已经向他低头。现在,他长大成人了,比从前更强壮、更聪明、更具独立意识了。与此相应，他的欲望更旺盛、更出格了。这个时候,父母觉出了不对劲,忽然之间"知道"要约束他,控制他了——这不是很奇怪吗？

所以，洛克以为"凡是有心管教儿童的人，便应该在儿童极小的时候早早加以管教，应该使子女绝对服从父母的意志"。这样，随着服从习惯的渐渐养成，孩子渐渐长大，你渐渐地放松约束。于是，你看他越来越懂事明理，他看你越来越可亲可敬。如此，以往的管教反而可以增进天伦之情，因为他从自己在人群中所受的对待知道：是父母的严格要求，使他成为受欢迎、受尊重的人——作为社会性动物，这是人生幸福的主要源泉。这股甜美的幸福之泉，便是父母初期以严厉的方式给予他的至尊馈赠。

在我有限的阅历中，看到太多父母，尤其是母亲，她们对自己孩子的判断和外人相比，简直天差地别。蛮横无理吗？这叫个性突出；刁钻促狭吗？这是头脑灵活。嚷无宁时吗？这叫朝气蓬勃。人见人厌吗？那是你们缺乏爱心！

这样的孩子，一旦离了父母的翼护，必定感觉与周围环境格格不入。因为别人不可能也不应当和他的母亲一样，"因爱走眼"，错将可恶当可爱。

其实，到了这个时候，他的母亲也未必有好日子过的。从小到大，父母对孩子的顺从，将为所欲为的种子播下。无论合理与否，要求一旦遭拒，这孩子就调动心计和父母意志做斗争；不能满足，则怀恨在心。病态的"爱"，终于结出怨的果实——这一点也不奇怪。

随着年岁增长，孩子的活动圈子越来越超出家庭之外，即便父母委曲求全、足够"孝顺"，也不能满足他因得了助长而日益膨胀的扭曲的欲望——这样一个始终处于需求饥渴状态，始终和环境相仇视相抗衡的人，怎么可能拥有内心的平静与幸福？

溺爱之所以称为害人、害己、害子女，就是因为这个原因。

对于儿童的这种管教开始得越早，儿童和导师也就安乐一些。

注意，安乐是儿童和导师的安乐，正如正确教育所结的果实属于双方的一样，错误教育所酿的苦酒也是要双方一起饮下。

儿童所要求的东西，一旦拒绝以后，以后无论如何哭泣恳求，当然不可再给他们。这句不可违反的格言是应绝对遵守的，除非你有意教他们变得没有耐性、讨厌，才可这样奖励他们。

需要指出的是：这里的顺从，指的是对理性服从。也就是说，孩子所必须服从的，是父母的明智决定。否则，父母的威信，就变成无耻的淫威。

作为另一种极端，喜怒哀乐的淫威，我们屡见不鲜。我见过一个号称"麻将精"的母亲，她孩子才3岁，就精明地知道如何见机行事：当母亲手气不好，输了牌的时候，饿了她都不吭声；当母亲大获全胜的时候，她就非常适时地跟母亲要玩具，要雪糕，因为她知道，这个时候，总是有求必应。

这样的父母，是"理智缺乏症"的严重患者。跟他们谈子女教育，简直是与虎谋皮——有几个教师，尤其是班主任，没有深受其害呢？气愤不平的时候，我常常想：杀猪卖肉还要有个营业执照呢，生孩子——对社会和相关人群发生重大影响的这件事，怎么任凭他和她"能生就生"了呢？

对于这种情况，德国人有一个恰当的比喻：孩子好比一辆汽车，被两个完全不懂得驾驶技术、没有执照的人掌握着，在社会上横冲直撞。

半个世纪前，鲁迅就建议，兴办师范学堂的同时也要兴办"父范学堂"，待其毕业再行结婚生育——我要补充的是，对方也须是"母范学堂"的合格生。

三、赏罚

"我就不信，婴儿能有什么错误可犯！"父母娇纵孩子，舍不得苛责幼儿的原因在于：以为孩子太小，执拗任性乃是出于率真。很多规矩，等长大了再教不迟。

可是，他们忘记了一件最重要的事情——习惯。

恶与善的习惯，多是环境和教育植入内心的。习惯一旦养成，德行与邪恶，就成为后天习得的"第二本性"。人终有一个一切行为全凭自己意志的时候，到那时，便是教育者——导师和父母长久品尝自酿饮品的时候。

做父母的如能在子女记事前，就不屈不挠地使子女的意志变得和易近人，那就可以使它自然成性，不致发生反抗与怨恨。唯一应该注意的是，要着手得早，不能丝毫有所通融，务使敬畏父母之心变得很自然，他们的心理要肯服从，没有一点点勉强。

"着手早"加上"不屈不挠"，做到了这两条，在成为绅士的道路上，孩子和父母不知要少吃多少苦头！

鞭挞或呵斥是应该谨慎地避免的。

德行的尺度是控制欲望的能力。而鞭挞，则借助对疼痛的恐惧，助长孩子对肉体舒适的贪恋。其纠偏结果，只能是暂时的、表面的。因为它以肌肤的疼痛，抵消减弱了内心的痛苦愧疚，而发自内心的痛苦与内疚，则是我们帮助孩子克服缺点唯一可以依靠的支点。

我们需要的教育效果是：孩子真正认识错误，知道所作所为见憎于至亲至爱的人。因此而懊悔不已，而深感羞耻，而痛改前非。为的是重新得到父母的喜爱。

最好的惩罚是，当孩子做了错事，父母及其周围的人，都以严厉冷淡的态度对待他。绝对不能因为实施了体罚，转眼和颜悦色；要坚持不懈，一直等到孩子完全服从，等他用行动弥补过错了，才可恢复从前的亲切。

其实，在"着手早"和"坚持不懈"的父母那里，鞭挞几乎无须用到"严厉冷淡的态度"，这就足够了。而且，"冷处理"的使用频率，也会随着孩子的长大而递减，以至于基本不用。这些理智的父母，他们聪明地将力量用在了水的源头，加之"不屈不挠"，很柔的水已经流向希望的所在。

儿童的羞耻心与妇女们的谦顺之情一样，它不能够时时被人侵犯而仍保持下去。

其实，儿童对于名誉是极其敏感的，他们很小就知道，被人家看得起，尤其是被父母及自己依赖的人看得起，能给人一种巨大的快乐。

所以，要从小培养、保护孩子的名誉感。这才是制裁和鼓励他们最有力、最恰当的工具。为此，不独鞭挞为不得已，呵斥也一样要在背着人的私地里进行。而孩子应当受到赞扬的时候，则要当着别人的面去做。赞扬经过传播，其奖励意义倍增，这样做的效果是让孩子知道名誉的重要及父母对自己名誉的珍视。

要慎用物质形式的奖励。因它与鞭挞一样，从另一个方向培养了孩子的贪婪。本来应当克制的奢欲，借助于"优异表现"，反而受到了鼓励。

孩子勤于学习，就给他甘美的食物、漂亮的新衣。在洛克眼里，这是为一点书本知识而牺牲了孩子的德行，因它破坏了孩子内心的充裕和宁静，将他源于求知的纯粹快乐转移到对物质奖励的追求上了。

不独对于德行的培养，即便是对于求知本身，这也是一种无益的滋扰。因为我们知道，在通往知识高峰的艰辛之路上，奖励的作用是微不足道的，人们更多依靠的，是发自内心的对知识的渴求和顽强的毅力。

当然，洛克并非一概反对奖励。与最恰当的惩罚是亲人严厉的对待一样，最好的奖励是得尊重、受欢迎、被喜爱的感觉——人性对它们的需求，正如渴者之于清泉——作为可有可无的副产品，可爱的东西是随之而到的。

如此，儿童的欲望反而可以助长他们的德行。

读到这里，我想起了一句话：

哲学就是一意追求内心的财富，其他东西可能不求而至——即便失去，你也不以为意。

四、礼仪

这一代中学生的父母读书的时候，正当高考恢复——一考定终生，人生浮沉的利益驱动是不可抗拒的。仿佛一夜之间，"知识无用论"被彻底扫到了历史死角，分数成为评价学生的唯一尺度。体育、劳动、助人、礼貌、组织才干、办事能力……诸多重要的成才因素，都逐一退居到次要和隐性的地位。它们中的某项有幸被重新提起或者重视，又无不是与智力发展也就是应试联系起来的：强健的体质是取得优异成绩的保障；动手能力与智力水平是水涨船高的关系，宽厚友爱可以为自己营造良好的人际关系，只有在宽松温暖的环境中，学习才可能是轻松愉快和高效的……

诸多被忽视的综合素质中，礼仪尤遭轻视。伴随着言谈举止的强横粗鲁滋生而来的，必定是心灵世界的自私封闭、目中无人。此两者因果循环。现在，当年的学生都做了父母，考试的压力比之上代有增无减，礼仪的缺失更加严重。"没规矩""没眼色""不解人意"统统被冠以"有个性""无压抑"的美名。而且屡屡拿"西方教育"做盾牌，殊不知，无论在东方还是西方，缺乏教养与不懂礼仪的人都是不被认可的。

关于礼仪，让我们听听洛克这位英国绅士教育的祖师是怎么说的吧。

礼仪是在他的一切别种美德之上加上的一层藻饰，使它们对他具有效用，去为他获得一切和他接近的人的尊重与好感。

没有教养的人有了胆量，胆量就会带有野蛮的色彩，而别人也必以野蛮相看待，学问就变成了迂气，才智就变成了滑稽，率直就变成了粗俗，温和就变成了谄媚。

没有经过琢磨的钻石是没有人喜欢的，这种钻石戴了也没有好处。但是一旦经过琢磨，加以镶嵌之后，它们便生出光彩来了。美德是精神上的一种宝藏，但是使它们生出光彩的则是良好的礼仪。

社会调查的结果证明：对于大多数人所从事的事业而言，最终决定其成败的，"情商"与"智商"一样重要，抑或前者更重要。学习是为了掌握知识，掌握知识的最终目的在于运用知识——和同道一起，实现自己的人生理想。当今社会，在你所能想到的事业中，很少是可以一个人无所傍依、独立完成的。求知是在储备生命的能量，而如何运用知识、是否能使知识得到充分运用才是真正的智慧，才值得我们终生去追求。

让孩子习得礼仪，让他在人群中受尊重、受欢迎，这是事业成功的基础，也是幸福人生的前提。如此重要的一件事，却被我们做父母的忽视了。

在多数的情形之下，做事的态度的影响较之所做的事还要大，人家之感到满意或厌恶，也就在于这个态度。

在中国，有所谓"成事在天，谋事在人"的老话。事之成败，有其偶然；父母可以做到、应当做到，也必须做到的，是从小教给孩子礼仪。这样，在将来，在他独自面对世界的时候，事成自然赢得敬重；事败，也能获得谅解。"吃力不讨好"的现象之所以发生，大多数情况下，原因恐怕还在吃力者自己这方面。况且，一个强横霸道、粗鲁无礼的人，哪怕才高八斗，恐怕也难拥有值得拥有的同道。

一切合适的言谈、容颜、动作、姿态、位置，等等，只有通过习惯与运用才能得到。所以要及早着手，等他长大了，无礼的习惯已经形成了，再去纠正已经迟了。

举止要能合度，先得一切圆熟自然，正同技艺高超的音乐家一样，指端所触，无不成调，不必用心，也不必思索。假如一个人与人交往的时候，他的心理还要提防他的某一部分的行为，那么，它便会现出一种勉强、不自然、不优雅的样子。

一个缺乏教养的人，只要他的羞耻感和判断力还没有彻底丧失，见了和自己相反的人，必定自惭形秽，必定深感自卑，必定着力模仿。矫揉造作就是在这种情况下发生的。而拙劣的模仿，如同点亮一支明晃晃的蜡烛，令原先的缺陷更加醒目和可笑。

获得礼仪，不能靠说教。最佳途径是学习榜样。对于孩子，影响最大的榜样，就是负有教养责任的导师和父母。

本节开头我说："人生浮沉的利益驱动是不可抗拒的。"我相信，单从德行修养，从为社会创造文明新风的角度来说，不能对朋友有多大触动。关于礼仪，洛克也是多从"人生实用"的角度来谈的。在他看来，为使孩子将来在社会上顺利发展，除了礼仪，还要适当地教给他们人情世故。

所以让我化用他的话结束本段：

娴于礼仪，他凭着这一点点成就，门路就可以更宽，朋友就可以更多，在这世上的造诣就可以更高。

五、规则

写这本书——说这些掏心窝的私话的时候，作为思想家、教育家、品质端方的清教徒，洛克正和当时所有诚笃、贤能、高贵的爱国志士一起，为英国社会的世风日下而深感忧虑。

近来时常有人和我谈到，说不知道怎样教养他们的孩子，近来大家又常有一种感慨，说青年人年纪轻轻就堕落了……教育上的错误比别的错误更不可轻犯。教育上的错误正和配错了药一样，第一次弄错了，绝不能借第二次、第三次去补救，它们的影响是终身洗刷不掉的。

大爱无情。藏在冷峻话语背后的，是对朋友子弟，对绅士前程乃至对"国家的幸福与繁荣"的无限关切和期待。

因为一旦绅士受到教育，上了正轨，其他的人自然就都能走上正轨了。

就这样，凭借《教育漫话》，通过绅士教育这个牵一发而动全身的特定角度，300多年来，洛克长久而深刻地影响了英国人的国民性。

作为父母，且从自己孩子做起；作为教师，且先从学生做起。我是如此卑微，谈民族，说国运，自己都觉得不自量力、没羞没臊——不为别的，只为自己。

为自己和孩子一生一世可能达到的幸福，为多少实现一点身为教师的人生价值，多少留一点值得怀想的印迹在学生脑海里，多少开几朵绚烂的花朵在这世界上。

基于长期担任家庭教师的独特经历，基于父母不能有的高度理性，基于细致入微、冷静清醒的观察研究，对于儿童习性，洛克有着常人不达的深刻了解。在《教育漫话》里,在给挚友的私信中,他将它们不厌其烦地一一列举并一一教给相应的对策。

比如规则。

> 我知道有些做父母的人,把大堆大堆的规则加在儿童身上,可怜的孩子,连那些规则的十分之一都记不清楚,更不必说去实行了。可是如果他们违犯了这许多繁杂的、不恰当的规则,呵斥与鞭挞的惩罚跟着便来了。儿童知道自己的注意力不够,很难不违犯这些教训,以致因此受到谴责,自然就不注意别人的嘱咐了。

> 所以,你对于儿子所定的规则应该愈少愈好,比表面看去好似绝对不可缺少的还要少。因为如果你的规则太多,使他受不了,结果必定不外两种:其一是,儿子必定时时受到惩罚,而惩罚过多,结果是不好的;其二是,儿子违犯某些规则,你不加以处罚,结果他势必轻视这些规则,而你的威信在他的心目中也就降低了。规则应该少定,一旦定下之后,便得严格遵守。小小的年龄只须少少的规则,待他年岁渐长,一种规则经过练习,打定基础之后,才可再去增加另外一种规则。

儿子读高三,早到了能"记住"若干规则的时候。可是,对于规则,我还是喜欢只定一条——"经过练习,打定基础之后,才可再去增加另外一种规则"。

读高中了,跨进社会四分之一步,每天早出晚归,带回许多新鲜东西。有好的,更有不好的,那些不好的,即便细微,我也高度警觉。关注、盯紧,把莠草扼死在萌芽未发的阶段,同时深深"植下"作为抗体的规则——习惯。

"老爸呢?"

高一上学期,开学不久的某个傍晚,孩子进门就问。语气里有一丝油滑。看着儿子汗流浃背的样子,做母亲的甚是心疼。可是,我克制住自己,硬着心肠说:"爸爸就是爸爸,什么老爸!我知道很多年轻人都这样称呼父母,别人能接受,我们不能。也许你觉得我太正统,也许你觉得我小题大做，这里也没什么是非，就是我们不喜欢，就是要你抵御时尚的影响，为我们保留一点为人父母的传统尊严。难做到吗？"

"不难，妈妈。"

"还有，从今以后，希望你每天回来主动问候我们。"

"嗯，记住了。"

我知道，有很多父母心疼孩子读书辛苦，对于诸如此类的小事，就放松要求。可是那样做的结果，恰恰不利于孩子的进取。因为那样就暗示着：孩子在为父母读书，父母欠孩子的了。试想，当你做任何一件事情，觉得是替别人做的时候，怎么可能把潜能发挥到极致？

在我们母子看来，儿子早出晚归，是在奔自己的前程；父母供养、照顾他，让他一心读书，他就该对我们心怀感念——当然，这是需要基础的。如果孩子从小自私顽梗成性，等到读高中了，再要他知道感恩、懂得责任与义务，实属奢望。

就这一条，连续提醒两三次后，直到今天，他放学回来，门开之际叫一声"妈妈好！"然后，从厨房到阳台，找到父亲，亲亲热热叫一声："爸爸好啊。"

一个人的道德生活，是一个整体——甲行为和乙行为往往彼此关联。

"老白……"

"错！是白老师！"我厉声喝断，他当即改口："是是是，白老师上数学课的时候……"

外面的世界很精彩，外面的世界很无奈。踏入社会是迟早的事情，没有父母可以为孩子营造终生的消毒空间，需要动脑的是，如何让孩子学会在带菌的环境里健康成长。

我相信，只要在这样的小事上把牢了，孩子再度面对诱惑的时候，大约会思量一下：如果我跟着学，妈妈会怎么看？这时候，父母从小树立起来的威信——基于理性之爱的威信，就为孩子筑起一道防洪堤坝。诸如逃学、交友不慎、上网成瘾等很多被家长视为洪水猛兽的东西，儿子就能先自抵挡。

好习惯已然养成，就可以提新规则了：学习休息的时候，看见即时可以完成的小家务，要知道顺手去做。家庭是道德生活的起点，也是道德生活的归宿。在我们母子看来，这才是最值得珍惜和养护的亲情。

六、智慧

> 我觉得每个绅士，为儿子所求的事情，除了留给他的财产以外，都包括在四件事情里面，就是德行、智慧、礼仪和学问。至于这四件事情里面，有些名目有时并不代表同样的事项，有时又是彼此互相包含的。

"德行、智慧、礼仪、学问"，我万分赞同这样的排序。

"这四件事情里面，有些名目有时并不代表同样的事项，有时又是彼此互相包含的。"读至此，有拈花微笑的快乐涌过心头。关于"有时又是彼此互相包含的"，我的体会是：很多时候，它们是互相包含的。

不信，且看洛克对智慧的定义。

> 我对于智慧的解释和一般流行的解释是一样的，它使得一个人能干并有远见，能很好地处理他的事务，并对事务专心致志。这是一种善良的天性、心灵的努力和经验结合而成的产物，所以不是儿童所可企及的。对于儿童的智慧最能做到的一件大事就是，要尽力阻止他们变狡猾，狡猾模仿智慧，但是它与智慧相离最远，它像一只猴子一样只有人类的外表，没有人类的实际，因此显得更加丑恶。狡猾只是因为缺乏悟性，不能直接达到目的，于是就用计谋与欺骗去达到……应使一个儿童习于获得关于事物的真实观念，不获得就不满足；应使儿童把精神用在伟大的、有价值的思想上面，不要接近虚假与具有大量虚假成分的狡猾，这才是儿童对于智慧的最合适的准备。

个人以为，写在300多年前的这段"智慧论"，对于今天的中国，尤其是教育，具有特殊振聋发聩的意义。

"应使一个儿童习于获得关于事物的真实观念,不获得就不满足。"在洛克看来,对真理——真相的追求,就是对智慧,也是对社会进步的追求。

必须厘清智商和智慧的不同。

经常听见教师这样跟家长谈话:"你的孩子很聪明,就是不用功。"做家长的欣欣然,因为他只记住了"聪明"一词,他觉得自己很有面子,依仗着空花一样的"聪明",他对孩子信心满满。

这样的话,我是从来不会说的。因为智商是先天给定的,然而,人一生所达成的成就如何,更大程度取决于非智力因素的发展。教师只该把注意力用在引导孩子"把精神用在伟大的有价值的思想上",并在追求真知的过程中,变得更加聪明、理性、高尚。

"我们小孩子聪明倒是很聪明,就是不爱干。"溺爱加自恋的情绪使然,有的家长往往自己这样说。

于是我大笑:"在老师的眼里,把心思用在该用的地方,这就是聪明,假以时日和指导,必将发展为智慧。你说你孩子聪明,请拿成绩证明给我看。没有付出,就没有收获,这是最基本的常识,连这都不懂得,算什么聪明?"

在中国,教师的主要任务是教给学问,而真知,是需要付出诚实勤勉的努力才能获得的。于是,从这种意义上说,教书与立人,就在教学中结合起来。

作为语文教师,可能我的工作,更加关乎孩子的德行、修养与智慧。

"凡有所学,皆成性格。"是我所读的书,塑造了今天的我;读这样的书的我,正以教材为港湾,把孩子带进课外阅读的辽阔大海——随着兴味越来越浓,眼界越来越开阔,我和孩子的目光,必定略过肮脏、坚硬、暗淡、丑陋的东西,投向了干净、柔软、明亮、美好的所在。

于是,我们共同拥有了属于自己的精神家园。在那里,智慧、德行、礼仪、学问,"彼此互相包含"。

再次感谢萧玲。下一本,还是你送的《教学机智——教育智慧的意蕴》。

让音乐从空隙的深处涌将出来
——读《教学机智——教育智慧的意蕴》

引　子

这是马克斯·范梅南的《教学机智——教育智慧的意蕴》。这个时候的我，沉醉于这样一本书，是 20 年阅读、教学、思考的必然结果，又何尝不是宿命使然？

为了读透，也因为喜欢，我每章读两遍。很多段落，来回地念。读一段，叹一回，轻轻地笑一阵——常常是这样。

"且把你一生中的空隙留在原地，让音乐从空隙的深处涌将出来。"（泰戈尔《情人的礼物》）这是只有书虫才知道的快乐，用自己的经历和感悟，赋予沉默的文字以美妙的曲调。因为是我在读，精辟的论述注入了我的理解；因为是我在读，原本丰茂的树木，生出带有看云印记的枝叶。一段高论，一句妙语，有时，只需要一个新鲜的词，就可以让很多缤纷的记忆和遐思围绕着它，于静中吟唱，于风中起舞。

我且用文字，录下这歌声和舞姿。

歌声需要主旋律，歌声是舞蹈的灵魂。在我这里，原文既是主旋律，也是催生思考的土壤。所以，我不怕担"文抄公"的嫌疑，大段摘录，何况，我的朋友需要。

一、"替代父母"的关系

教师的含义就是他们必须不断地提醒自己留意自己与孩子之间的"替代父母"的关系。专业教育者必须尽可能协助儿童的父母完成其主要的育人责任。换言之，在父母的这一主要责任之外就是教师被赋予的"替代父母"的职责。因此，父母和孩子之间的恰当关系为教师与学生之间的教育关系提供了丰富的信息。

(引自《教学机智——教育智慧的意蕴》，以下凡引此书，不再注明出处，只以仿宋体显示）

整整10年，班级人数不到30人。那10年里，我很少与家长接触。时间、精力和自信，让我觉得没那个必要。可是现在看来，那时我错了。因为教育的境界是没有边际的，哪怕你已经做到很好，如果有家长参加，可以做到更好。

2004年5月，我去河南讲学，说到"手把手地引孩子们走上读书的路"，台下教师问："如果你带的是大班，学生有五六十或者更多，一分钟一个，一堂课一遍都检查不过来。怎么办？"

"可能……我会请家长帮忙。"

现在，我就是这么做的。

现在的班级人数为55名，约是从前的两倍。可是，一学期——其实三个月的实践证明，由于家长的参与，比起从前，读书成效更加确实可靠。

我坚定不移地相信：

教育学从根本上讲既不是一门科学，也不是一门技术……教育需要转向体验世界。体验可以开启我们的理解力，恢复一种具体化的认知感。

如果离开了感动和体验，如果彼此之间没有了相互看见、听见，"心里热乎乎"的感觉，再高的技巧，再好的程序，也是没有用的。既然教师的角色是替代的父母关系，那么，第一位和最重要的，是让家长们相信、知道，你是爱学生的；其次重要的才是，在帮助孩子成长方面，你是可以信赖的专家。

做母亲之前和做母亲之后，孩子上学之前和孩子上学之后，这些体验，对于我之作为教师，有着深刻影响。为此，个人以为，一个优秀教师，应当同时能够从三个角度考虑问题：教师的、学生的、家长的。

可能有同行以为这样说过分苛求自己和大家了。个人的一点感受是：当你试图这样做的时候，心灵的世界会变得更加丰富、开阔和灵敏，换位思考的结果是使你更少抱怨，更多理解，更富智慧——情绪化是沟通理解的大敌，平和的心态是实现教育目的的前提。当你心平气和的时候，心平气和必定感染学生和家长；当你真诚地为对方考虑的时候，对方很少不会为你考虑。真实的情况是：家长对于交流的欲望，往往强于教师。

专业教育者"替代父母"的职责的另一特点，可以从家长对其孩子的老师所抱有的希望中找到。在日常生活中，家长们从他们孩子的老师那儿寻找一些品质。那么，那些品质应该是什么样的呢？家长常常觉得很难将适切的标准说出来。一般而言，他们最关心老师是否"喜欢"他们的孩子。因为家长们觉得积极的情感关系对孩子的学校生活和学习的成功可能有利。家长们具体的期望通常更为具体地与孩子们在学校和教室的日常经验相关。通常情况下，当学校出了事儿，孩子受到了挫折、伤害，受到了忽略、误解、误判或不正确的对待时，这些期望就变得更为清楚了。

积极的情感关系无疑是人生进步的强劲动力。如果感觉不被教师喜爱，那教师的名誉越好，家长和孩子必定越是痛苦和沮丧。

前一段时间，王艺伟因为上课总是说话而屡次被我点名，数学课上也一样。加之注意力不能集中，做作业的速度特别慢，测验接连不能按时完成，试卷是最后一个强行收缴，成绩自然一落千丈。

她成了我的盯防对象。课堂上，自己也弄不清楚是有意还是无意，只要她和前后左右的人说话了，我立刻就能发现，立刻就点名。我们班的规矩是，一节课里点名两次就要罚站。那段日子里，王艺伟罚站的次数比较多。越来越明显地，从学习状态到学习成绩，她都显示出"跟不上"的可怕趋势。

又一次测验没有做完，她分数刚及格。于是我拨通了她家长的电话，说出了我的担忧："我怕这样下去，她会变得害怕上学，害怕语文。"电话里，她母亲的声音微微颤抖："王艺伟她已经是这样了。她一回来就告诉我，说她感觉薛老师已经不喜欢她了，她要找你谈谈。"

谈话是在月光下的操场进行的。当时的情境，必定长久印在我们心中。我和孩子的母亲各在一边，我们都拉着孩子的手，边走边说。我听她们的倾诉，她们听我的建议：如何管住自己的嘴，如何严于律己，如何集中注意力，如何提高效率。更主要的，我向她们检讨：过去一段时间，自己太过急躁和情绪化，孩子"不喜欢"的感觉绝非空穴来风。我主动提出为她调换座位，并且和孩子约定：只要她在一节课里安静了，下一节课，我一定表扬她。

一直到最后，那孩子还在抱怨别人总找她讲话。

于是，我直言不讳地告诉她母亲：在班级里，作为同座，每一个人在挑选别人的同时，也被别人挑选。是学生，教师都喜欢。可是，喜欢和喜欢是不一样的。一种喜欢是普遍施及所有孩子的，是教师出于职业需要的责任感；一种喜欢是基于孩子的懂事可爱的"更喜欢"；此外，还有教师不必隐瞒的"最喜欢"！没有喜欢、更喜欢和最喜欢的差别，教师如何利用自己基于威信的情感力量去引导和鼓励孩子向上？

谈话是这样结束的："这是我们第一次深谈。最好的结果是不再有第二次。如果有，时间必定是这次的一半。再有，可能就是三言两语的警告——这是教师对自己职业的尊重，也是对大家时间的珍惜。希望你们把握这次机会。"其实，这都是说给母亲听的。

我相信，对于我的话，那母亲必定细细咀嚼，并十分透彻地解释给了孩子。

之后的几个星期，孩子的课堂表现大不相同，我也经常表扬她。最近的一次测验，接近交卷的时候，我以一种无人知晓的紧张心情关注着王艺伟。这次，她按时完成了，成绩是82分。整整提高20来分。这一大步的跨出，孩子和家长付出了多少？推动分数提高的，是来自品行、习惯、意志各方面的合力。

判完王艺伟的卷子，我激动不已，全办公室人都听见了我的欢呼。我几乎是奔跑着去了校长办公室打电话，我知道她的母亲上夜班，这个时候一定在家，而且没有睡觉。

当我激动地将祝贺和感谢的意思表达完毕,电话那头的声音让我难以忘怀:"薛老师,也许你不相信。刚才,一听见电话铃响,我就预感到是你打的。这个时候,肯定是你给我打电话,而且,是特意表扬我家王艺伟的!"

什么是心息相通?这就是!

孩子的成长是漫长的,有时还伴随着痛苦——与孩子一路同行的过程中,教师和家长也在承受着生长之痛。对于孩子的反复,我有充分的思想准备。因为和我一起努力的,是比我更爱孩子的母亲。因为这件事,所以我对下面的话,深有感触。

> 教育学的影响是情境性的、实践性的、规范性的、相关性的和自我反思性的。

二、召唤

喧哗的宴席上,母亲能从人声鼎沸中听出自己孩子哭泣的声音,并且奔过去帮助他。这是母爱,也是本能。联系"替代父母"的关系,下面的话就比较容易理解。

> 我们对儿童的责任使我们服从于或者说依赖他们——我们体验到孩子对我们提出的请求就像对我们发出的强迫性命令一样……责任是某种品质召唤我们的方式,正如关心和慈爱召唤我们来到孩子的卧室一样。

父母之爱的伟大,在于它的不求回报和近乎本能的"非如此不可"。很多时候,爱孩子与其说是为了孩子,更毋宁说是为人父母者自己有这一份施爱的需要。

人们常说:"爱是奉献。"相比之下,我更愿意相信:爱是需要,爱是能力。对于爱和被爱的渴求,是人性深处的基本需要;缺乏了哪一面,人必定都是病态、畸形和不完整的。

> 成人和儿童间只有某一种影响是出于向善的,为儿童好的动机——也就是说,这种动机具有教育学意向。而且,这种意向是

为了加强儿童"生存和成长"的各种偶发的可能性。

教育学的意向也可以看作我们面对孩子时发现被召唤的一种主动的回应。

回应的前提是"听见"——教师如同宴席上那个母亲一样,有一双灵敏的"耳朵"。只要你的心和孩子在一处,随时随地,你会感受到来自孩子的召唤,你会不假思索地做出母亲式的本能反应。

放学了,"老师再见"的声音次第响起。李智炫招着手,来到我的对面,微微口吃的他,仰起满是笑容的脸:"薛,薛,薛老师,就是我妈妈也,也给我每天写一句话了。"

"是吗?你妈妈真好。"我说。

"我,我,我妈妈,她,她给我每天都写了。"他又说了一遍。

这时,清清楚楚地听见了召唤,我又说:"妈妈好,你也很好。明天拿给我看,你们都能得100分。"

于是,他满意而去。

想起和他母亲谈话的情景。

"薛老师,我们能力差,不会辅导孩子。像我们李智炫这样的,还有黄云飞、王新宇,他们是一个档次的。我们真的很头疼。"

我用诧异的语气说:"谁说黄云飞、王新宇差?他们身上的亮点很多。黄云飞的字多漂亮啊,王新宇的课堂表现比刚入学不知道进步了多少!"

"那么我们李智炫呢,他有什么亮点吗?"满面疲惫的工人,她那因为渴求而忘记了羞涩的样子,让同是母亲的我,什么时候想起来心里就发热。我意识到自己的疏忽,我听见了召唤——对面坐着的这个成人,像孩子一样依赖我。

我不假思索地说:"李智炫?我们李智炫多可爱啊,你能想象他读儿歌时摇头晃脑的样子吗?那就是沉醉于学习的快乐啊!还有,听课听到妙处的时候,他总喜欢和同座的刘智良相对一笑,有时候还互相拍打一下。那神情,对于老师,也是一种鼓励啊。他坐在最后一排,我对后面孩子的听课状态格外在意!可惜,课堂上的这股劲头,你们在家里没有续上，如果老师的拉和家长的推结合起来，孩子的进步就更快了。"

我清楚地记得，当我说到这里的时候，做母亲的眼圈红了。"是的是的，我们在家里松劲了，我们没有别的父母尽心，我们对不起孩子。"

并不是父母和孩子的每一次交流都需要有意识地指向孩子的学习和成长。教育学的意向是一种已隐含在大人与孩子保持的抚养或教学关系中的天赋本领。

现在想起来，使我那样说的，不是出于教育学的深思熟虑，而是条件反射，是一种天赋。这种天赋，使得教师能够捕捉一切教育契机，加大儿童"生存和成长"的各种偶发的可能性。

在孩子的召唤中还有一种我们听到的更根本的声音。我们体验到这是一种力量。这是这个孩子所拥有的征服那位能"听到"的人的力量。

教育的召唤就是那种召唤我们聆听孩子需求的召唤。"使命"这个词从词源学的意义上来看也有召唤的意思。使命感就存在于聆听当中。

我说过，教师是一种容易让人心灵结茧蒙尘的职业。日复一日，年复一年的琐碎辛劳，很容易让我们心灵的听觉麻木，甚至丧失。

当我们终于听不见来自孩子的召唤，或者没有能力对召唤做出及时恰当的反应的时候，我们仅仅是法律意义上的教师，而不是真正的教育学意义上的教师。就像那些对孩子漠不关心的父母，仅仅是生物学意义上的父母，而不是真正的父母一样。

那么，这种召唤我们是如何体验的呢？它是不是我能听到却可以不予理睬，像有些"父母"那样的呢？这样的所谓父母是真正的父母吗？

有时候，召唤会来自自以为很勇敢、很强大的孩子。"荣誉称号的获得，按得票多少决定。"优秀班干部 1 名、三好学生 5 名、文明学生 5 名，李德昊依然没有当选。下课了，他找到了我："薛老师，我的名字在黑板上排在第七啊。"再次解释"排序"之后，我问："你以为薛老师是好老师吗？"

"是的！"

"告诉你个秘密，薛老师有 7 年没有被选为优秀教师了。可是我知道自己是好的，你们也相信我是好的，老师我就满足了。我的意思你懂吗？"

"嗯。"我知道他是懂的，否则，以他的个性，不会这样回答。

"你以为你是个好孩子吗？"

"是……是的。"他犹豫一下。

"老师喜欢你，老师觉得你是好孩子，你知道吗？"

"知道！"他咧着嘴笑了。

"这够了吗？"我的问题朦胧了点，可是他听懂了。

"够了！"

教育学首先召唤我们行动，之后又召唤我们对我们的行动作出思考。与孩子们一道生活以及反思我们与孩子们生活的方式，这两者都是我们的教育性生存的表现。

丁雨辰语文成绩不太好，每次都是将及格的样子。可是，他上课的状态是真正的兴致勃勃，什么时候看见我，都是那样一副灿烂无邪的笑容。80 分以下的分数我从来不报，发试卷的时候，我从来只表扬，不批评。上周的读书课上，丁雨辰第一个上台汇报日记。

"12 月 26 日，星期日，雪。今天，下了 2004 年的第一场大雪。地上，路上，房子上，都白了。我多么喜欢雪啊！"

小矮个儿的他，挺胸腆肚，大声地念。记者和听课老师都笑了。试题考的是语文，日记不也是语文吗？我要将注意力集中在他好的一面，让这一面扩散开去。

第二节课，我一进教室，他就笑着大声喊："老师，我还要读！"

要求读的人还很多，不能答应他的要求，现在，也绝不是呵斥他的时候。我伸出手去，摸摸他热乎乎的小脑袋，说："好，我们接着读。让我们一起安静地听别人读，好吗？"

"好的！"他立刻一脸灿烂地等着听了。

教育学根本上是一门实践的学问。教育学不能从抽象的理论论文或分析系统中去寻找，而应该在生活的世界中去寻找，在母亲第一次凝视和拥抱新生儿时，在父亲静静地约束孩子盲目地横过大街时，在老师向学生眨眼睛对学生的工作表示赞赏时。

在作为班主任的我看来，教育学常常表现为对弱者的保护，表现为对边缘化和游离态的严格防范。周子善只考了 36 分。一拿到卷子，他就叠起来。"订正的时候，看你怎么办？"我有些生气地想。"老师，老师！"同座位的方子妍喊起来，"周子善说他考了 96 分！"

所有的目光——惊疑的目光，都集中在周子善正忙着的小黑手上。

周子善停住了，有些懵懂地看着我。我先对方子妍说："你不要管人家的分数好不好？"然后转向周子善："谁说我们考不到 96 分呢？对不对？"他笑了。

班级是一个整体，应当努力不让一个人有疏离、自卑的感觉。正如热可以传递一样，寒冷和离心的倾向也是可以传递的。班级整体好的前提，是每一个人都感觉到自己在这个大家庭里受珍视、不被忽略。

三、什么是教育学

据说，对于从事我们这一职业的人，教育学、心理学是两门最重要的基础学科。然而中师 3 年，教育学、心理学却是最令我深恶痛绝者。"憎屋及乌"的连带作用使然，教授这两门功课的老师，也较少得到我的敬重。《大学春秋》《大学时代》《苦菜花》《青春万岁》《人生》《张玉良传》《少年维特的烦恼》……这一长串书单，是当时我所能读到的优秀作品。令人如痴如醉的阅读，大多完成在教育学、心理学的课堂上。情节的诱惑屏蔽了台上教师照本宣科的聒噪；否则，我不知道那样的定期折磨我将如何忍受。

安静的、没有干扰的周末之夜，我则用来背诵《长恨歌》《琵琶行》

《归去来兮辞》《过秦论》……

那时还读过一本科普性质的《青年心理学》，红色封面，做过的笔记早不知丢到哪里去了，可是我还记得里面一句话：所谓智力，就是一个人聪明的程度。

现在看来，关于智力，这样的定义也许犯了循环解释的错误，可是对于当时的我而言，这就够了——催生这种满足感的，恰是作为教材之《教育学》的极端枯燥乏味、僵化琐屑。

所以，你问我什么是教育学、心理学，我是不能回答的。我不以为这是我的过错；而且我不以为，成为优秀教师必须要读教育学、心理学，至少不必读我们当年所读的印刷品。甚至我以为，作为教师，如果我幸而是可以称为优秀的，我所能达到的优秀程度，必与我对枯燥乏味、僵化琐屑者的抵触、憎恨成正比。

我们所面对的，是成长中的孩子，是柔弱的，面对世界茫然、手足无措的孩子，是需要理解扶助、需要有人灵敏地倾听他们内在需要的召唤的孩子。面对他们，肩负了扶助、倾听的责任，担当了"替代父母"角色的教师，其内心，怎可先就丧失了对于润泽、温度以及感性直觉的渴求？

如果真如海德格尔所说，"语言是人的本质"，那么，对于教育书籍的兴味取向，或许一定程度地决定了你所适合的从业领域：进行艰深的理论研究抑或投身于以情感体验为特点的高度情境化的教育实践本身？

教育学就是迷恋他人成长的学问。

原来如此，果然如此！温暖和光明的感觉洒满，有会心的笑从心底浮起。

17年为人母亲，21年为人师长，是否这样的经历就必然使我心悠然？答案是否定的。

教育学使我们的心向着孩子。

如果我只带了一堆"学问"去到孩子那里，却把心留在了原处，那么，我就不可能有"迷恋"的体会。面对我这样的教师,自是学生的悲哀;然而,作为教师的我,如此没有温度、没有性灵地书写自己的职业生涯,如同一字一句地刻印枯燥乏味、僵化琐屑的《教育学》《心理学》,那又何尝不是我的悲哀呢?前年的这个学期,2003 年 10 月 11 日,给学生做过如下即兴演讲:

在一起的日子,还剩八个月了。一想到即将面对的,是五六十个啥事不懂的娃娃,享福惯了的我,就不寒而栗。虽然我已做好迎战的准备,但这丝毫不能减少我对于你们日深一日的留恋。

每天出门,都有一种微微的激动。我心存期待,我猜不出新的一天将发生什么。可我知道,在过去的五年中,我们已经一起将美丽的故事种下,大大小小的喜悦总会遇见——哪怕是挫折,哪怕是失败,那也是我们赢得更大快乐的契机。说实在话,我喜欢这种感觉!

现在,29 个孩子已经升入初中。而"美丽的故事",则在一片新园里重新播种。带一年级的感觉,如同母亲抚育新生的婴儿,因了我关切目光的环抱,因了我不眠不休的辛勤,你看啊,这群孩子,一天一天不一样,一天一天在长大。这种感觉,只有深爱着她的幼儿的母亲才知道。

个人以为,在初期,维系母亲和孩子感情的,恰是母亲的付出。给得越多,你会觉得自己越离不开这孩子。日复一日,他在长大,他正长成一个全新的你;在你创造他的同时,他也以被你听到并服从的召唤,创造了你。于是,你有了一个伟大的称呼,你的名字叫"母亲"。

孩子诞生了,站在讲台上了,并不意味着你就是真正的父母和教师。"成为"父母和教师的含义乃是在于:担当责任,去聆听,去行动,像父母和教师那样地生活。

因此,教育学不仅仅是一个词。通过道出什么使我们慈爱地面向孩子,靠近孩子,教育学这个词促使了某个东西的产生。教育学不是在可观察得到的那类事物中找得到的,而是像爱和友谊一样,存在于这种情感的亲身体验中——也就是说,在极其具体的、真实的生活情境中。就是在这儿!就在这儿!一个成人做了对孩子个人发展正确的事。不管我们想象父母或老师如何精确地做事,教育学总是深深地凝结在大人和孩子的关系的本质当中。从这个意义上说,教育学不仅可定义为某种关系或某种行为的方式,而且,教育学使得一个际遇、一个关系、一个情境或活动变得具有教育学意义。

四、教育情境和教育时机

教育学不仅可被定义为某种关系或某种行为的方式,而且,教育学使得一个际遇、一个关系、一个情境或活动变得具有教育学意义。

在马克斯·范梅南的这本书里,"情境"一词频繁出现——我发现,我喜欢。个人以为,缺乏了对教育情境的高度敏感,就无法把握随时可能存在的教育时机。

1. "突出进步奖"的评选正在进行,提名、讨论、争辩,气氛好不热烈。语数成绩总是倒数第一的王涛,表情漠然地玩他用脏布包裹着的右手指。

2. "老师,我们小组打扫好了。"孙琪先告诉我。"很好。"我说,准备接着看书。可他还站在那里,笑意盈盈的目光里满含着期待。

3. "老师,朱紫晖踢我了。"李旭冉气愤地说。"哪里?还疼吗?""不。嗯,还有点疼。"

4. "报告老师,第二小组五个人打扫,结果就剩我们两个了,他们都逃跑了。"

5. 品德课上,"我们一起活动"之后,进入"我们一起学习"。化雪纯还沉浸在刚才的教学内容所带来的快乐中。她和同座位的施俊瑞互相拍打着,一向严肃的脸上洋溢着难得一见的笑颜——以无所畏惧的目光,极其坦然地看着我。可是她的眼神告诉我:此时此刻的她,根本没有"看见"老师的存在。

这样的时刻，在我们的日常工作中可谓举不胜举。

教育时机期盼着成人行动。

在每一个情境中都要求有所行动，即便这个行动是什么也不做。这样一个主动的际遇就是教育的时机。换句话说，教育的情境是我们每天教育活动、教育实践的场所。教育时机就位于这种实践的中心。

1. 我大声请求："老师想提一个候选人，行吗？""行啊。"他们很给我面子。"王——涛！"他们念出我写在黑板上的名字。"对！王涛！他比学前班好多了！""他知道听课了，王涛！""王涛受伤了还写作业！""他大拇指甲掉了都不哭！""老师还在日记里表扬他了呢，王涛最勇敢！"

王涛猛然抬头，端正地坐着，眼睛睁得大大的，脸上布满了惊奇。"王涛！""王涛！""王涛！"

这一刻，他清楚地听见了来自教师和同学的呼唤。班级是一个整体，班主任像是带着 55 个孩子赶路的母亲。队伍里，有人轻松地蹦跳在前面，有人吃力地拖在后面。做母亲的，怎能让那弱的离开队伍，离开自己的视野？所以，教师要带领大家，一边走，一边大声呼喊着他们的名字，好让他们知道：我们是一家人，没有一个会被忽略和忘记。

2. 放下书："有什么事情要告诉我吗？""就是，就是唐老师让我在前面带操了，每天做早操的时候。"声音里既有克制不住的激动，又有终于说出来的轻松。"真好！恭喜你啊。"我说。于是这孩子欢天喜地地去了。我看见，对着我，他在用整个起伏跳荡的后背欢笑呢。

既然教育意味着引路，那么在教育学的关系当中，就必然含着这样的承诺：我是可以信赖的，不管发生什么，我都将与你分担，与你共享。没有了这一层类似于父母子女之间的信任和亲密，教育，将失去赖以立足的基础。

3. 确信没有踢出什么伤痛之后。教师对学生说："被踢了。你可以这样地跑来告诉老师,让老师去批评他;你也可以到一边去,换个地方和别的小朋友接着玩。想一想,哪一样更好?"

"自己到一边玩更好。""你也是喜欢跟人动手的。可是别人就很少报告你,对不对?"李旭冉点点头,有些不好意思。

"老师这样说的意思不是说你以后也可以乱踢人,老师的意思是,要学会原谅同学的小错误,大家在一起尽量玩得开心,你懂吗?"

"懂!"其实,我是知道他懂才这样说的。

这是一年级上学期接近尾声的时候,这个时候的一年级二班,秩序已经基本建立,友爱、好学、文明、守纪的班风正在形成。现在,可以告诉他们合理碰撞和恶意伤害的区别了,也可以教会他们如何在游戏中兼得安全、快乐与友爱。

需要的时候,我会让李旭冉把这个道理讲给同学听——我喜欢这样的偷懒。

4. "很好,你们辛苦了。可是不能说他们逃跑,我相信,他们是忘记了。我们不是都有忘记事情的时候吗?明天,我让他们参加第三小组的值日好吗?"

"好的!"两个孩子手拉手地走了,我听见他们渐去渐远的对话:"老师说是忘记了。""上次我也差点……"

法律上有著名的无罪推定原则。对于学生可能犯下的错误,我的原则是宁可错放一千,绝不冤枉一个。

教育不是万能的,教育不能改变人的本性。教育对于人的塑造,只能如后天的训练对人形体的改变。

如果我不相信他们是好的,又如何希望他们变得更好?

相信大家都是好的——当教师这样确信,并把这样的确信将心比心地传达给孩子的时候,这个班级才可能成为我们安全幸福的大家庭。

5. "谁来把这页的儿歌读给我们听?"我把目光收回,假装没有看见——他俩只是来回地拍打,也没有影响到别人。对于化雪纯而言,更需要的是这样的"放肆时刻",而不是下面的"品德学习"。性格过于内向的她,即便是下课,也难得和别的小朋友一样尽情撒欢。

绽放在课堂上的那个忘情的笑容，将长久而鲜亮地印在我的心里。什么时候想起来，就想跟着乐一次——当时，我就是这样做的。当时的化雪纯，仿佛半醉半醒，回应我一个灿烂的笑，然后接着拍打。

教育学的本质就在一个具体情境的实际时机中自然表现出来。

教育学对情境非常敏感。在这些日常的教育情境的素描当中，我们需要添加适当的上下文以使得这些情境富有教育意义和可理解性。

与此相反，不少教师总是在纠纷或者事故发生之后才意识到：该对孩子进行某某方面的教育了。也就是说，他们的教育行动，总是以荷枪实弹的战斗姿态出现——班会上的检讨、办公室里的谈话。无疑，这些都是必须的。但在一个"心向孩子"的教育者那里，可以做和应当做的必然更多。于是，太多仿佛不经意的小事情发生了，教师如是行的时候，常常不假思索，孩子接受影响的时候也往往没有察觉，可是细雨润物的美好境界就蕴含其中。而在这些过分严肃的正式场合下，不期而遇的教育情境所特有的温馨、敏感、惊喜、甜蜜荡然无存，当教育只剩下了训斥和"教育"的时候，我们怎能对它抱有美好期待？

在"小事常做"的教育者那里，班级事故的发生相对少很多。事件的发生不是石猴似的横空出世，它是学生中不好因素日积月累的必然结果。当教师只能以荷枪实弹的战斗姿态进行教育的时候，需要"处理"的事情必定接二连三，荷枪实弹必定成为疲惫而低效的常态，继之而来的是陷入弹药补给的紧急状态——"按倒葫芦起了瓢"，一波未平一波又起。到这个时候，离焦头烂额、弹尽粮绝也就不远了。

予取予舍，能不深深思量？然而，缺乏了一颗高度敏感的始终向着儿童的心，光是思量，光是选择又有什么用？爱生敏感，敏感生情境，情境即时机。

事实和价值对于理解如何进行教育性的行动是很重要的。

但是在教育的时机中事实和价值都无法告诉我们怎样去做。

方法和哲学对了解如何进行教育行动很重要。

但是在教育的时机,方法和哲学思考都无法告诉我们怎样做。

读到这些句子,这些诚实到了几乎自挖墙脚的句子,我会心地笑了。因我深深认同:

> 教育行动所需的知识应该是针对具体的情境而且指向我们所关心的具体的孩子。

教育永远是一对一的。教育是艺术而不是科学。不可复制是艺术上一等神品所具有的特质。教育的美好境界往往也如是。

五、两种反思

爱和关心,希望和信任、责任感——在马克斯·范梅南看来,这是教育学的根本条件。缺少了它们,教育事业即不可能,父母就不成其为父母,教师就不成其为教师。

作为母亲,作为教师,我也曾常常感到焦灼、沮丧、忧闷、软弱。然而,即便是在我情绪低落的时候,在我不自觉地拿孩子泄愤的时候,我知道,孩子知道,牢牢占据了我心头的,仍然是对于他们的一份浓得化不开的情,重得有时渴望改行以求摆脱的责任感。焦灼、沮丧、忧闷、软弱的感觉之所以有,往往正是因为爱得太切,希望太高,从而产生了急躁情绪。而急躁,是与期待目标背道而驰的。怀着急躁之心去工作,那是典型的南辕北辙。

所以,需要经常性地反思,以求做到心平气和。不能因为动机是好的,便原谅自己,从而丧失可以做得更好的可能性,从而错过了更多更美的教育生活体验。

> 我们必须区分两种教育实践:(1)主动地体验教育生活;(2)反思性地谈论或记述这些体验。

个人以为,反思当从两方面进行:其一,是否做得太少,是否及时,是否可以做得更好;其二,针对特定对象,是否做得太多,是否陷得太深,是否应当把精力迁移到更值得付出的地方。

教育是一门充满智慧的艺术,不是只要勇于吃苦、乐于流汗就可以取得最大成效的"体力活",原因就在于此。先说第一种反思。

"14 首儿歌不会背的自己站起来。"

站起来的是李想和聂大伟——都是借读生,这样的孩子班里共 13 个。他们每学期要交 500 元的"借读费",他们能从父母那里得到的学习帮助很少,所以我跟那些饭店老板、出租车司机、菜贩子、卤鸭摊主、理发师傅……通电话的次数也特别多。聂大伟的父母轮流开车,每次通话,我必定问清对方是否正在行驶,如果是,必定要请他(她)把车靠边停好了再说话。

三个月来,李想总是不会背,我总说要通知父母帮助她,小女孩总是哭着哀求原谅。她一哭,我就心软了。学期即将结束,不能再拖了。

接电话的是孩子父亲,这一次是我头一回和他交流。这一次我才知道:孩子母亲常年不在家,父亲在离家 20 多里的小镇做生意,和李想生活在一起的,是她不识字的奶奶。

"您多久回来一次?"

"两三天吧。"

"今天回来行吗?我想麻烦您跟李想谈谈,要求她每天背下两首儿歌,省得周三检查的时候,她总挨批。"

"好好,我今晚就回去。"

"您以为您的谈话有效果吗?"

"有的。老师您放心,老师您相信,效果肯定会有的。"电话里的声音充满诚恳与自信。

我有什么理由不相信呢?凡事相信,未必都是真;凡事不信,真的也成假。

放下电话,深感内疚,我明明知道借读生的学习自觉性比较差,需要家长多多督促;我明明知道,比起职工,借读生家长的教育素养相对差些——又需要教师把他们当学生似的常常叮嘱。

再说第二种反思。

"在家里,谁管你的学习?"

对于那些学习吃力的职工子女,我总爱这样问。

"妈妈。"答案十有七八是这样的。作为母亲,我叹息。

"你爸爸呢?"

"打牌,找人钓鱼,出去喝酒。"

答案十有四五是这样,难怪孩子不行。作为女性,我心有不平!

某日,一学生作业连续两天没有完成,于是我给他爸爸打电话。个人以为,该是在家完成的作业,就要让他回家去补。放学之后,我从不留学生在校补作业。

说话中,对方语气有藏不住的急躁,我听见了嬉笑和催促的声音。想起孩子告诉过我的话,于是坚定地说:"你在打麻将!上夜班也不好好休息。"

"没有没有,我哪里打那个东西。"

"我听见的是什么声音?"

"不是不是不是。"很明显,他不想和我说下去。我也失去这份兴趣,原本我就没有这权限。教师所能"要挟"孩子父母的,是他们对自家孩子的爱与责任感。如果他们没有,我能怎样呢?

回到教室,再看那孩子,内疚、怜悯和释然同时涌上心头。

从前,我对他要求太高了。

从今以后,关于他的成绩,我会计算与"0"的差距。这样,无论多少,我们总有收获的喜悦。如果他考及格了,我会万分高兴,大声恭贺!对于这个孩子而言,这种心态,就是最适当、最利于他发展的。

教育不是万能的,学校教育更不是。

同样资质的孩子,家庭对教育重视程度的高低,必定左右了教师对孩子期望值的高低。该高的低了,是浪费潜力;该低的高了,是拔苗助长。

  作为教师总是正确地行动(完美地授课,智慧而公正,轻松地解释晦涩的概念,总是留意孩子,总是鼓舞着学生,完美地理解孩子的需求,帮助学生解决艰深的学习困难等)这是不可能的。认识到这一点,我们就得以解脱。我们必须接受我们个人的局限,同时也应该接受我们与孩子的日常生活现实所固有的局限。如果我们没有对我们不时所犯的错误和失败感到内疚、后悔和自责的话，我们怎么能够继续抚养和教育我们的孩子呢？与其他许多的职业相比，教育年轻人的任务对人的精神要求尤其高，而且特别消耗精神。

所以，要接受、要直面教育对象的差距，要经济、高效地使用精力、对教师而言，这里的"教育对象"，既指学生，也指学生父母。否则，过分追求完美，追求"步调一致向前进"，必使自己心力交瘁——为那不值得费劲的事情，将原来可以做好的也耽误了。

如果你不了解那些具体情境中教育时机的背景，通常就不可能处理好教育学的关系。那些对儿童教育十分敏感的老师同样对他们所负有责任的儿童的家庭背景、生活历史、道德品质和具体情况十分敏感。

六、"十人方式"的教与学

我们需要强调的是教师和学生的关系与父母和孩子的关系在基本方面是不同的，教师与学生的关系总是三组合的，它是这样的关系：教师和学生都以某种学科（比如说，数学、语文、科学）为中心，同时又指向与这些学科有关的世界。父母与孩子的关系则往往是二组合的：主要是人与人的关系。

为什么学生，尤其是小学生，对于教师的尊崇往往超过对于父母的尊崇？为什么在母亲文化程度低于父亲的家庭里，随着年龄增长，孩子对于父亲的爱戴会逐渐超过对于母亲的依恋？

有一种人性的普遍渴求在牵引孩子的心。

是什么吸引孩子，使他们的情感倾向发生偏移？是蕴含在教师或父亲那里的学识，是成人所拥有的令他们羡慕不已的精神高度、精神财富。

荣格研究发现，人类渴望一种非个人的、客观的意义，就像口渴的人渴望一池清泉。艺术与文化并不是像他老师弗洛伊德所说的那样，是力比多，也就是性欲寻求满足的副产品，而是人类寻求非个人境界的物质见证。明白了这一点，我们才有可能理解哥白尼、布鲁诺、梵高、德沃夏克，以及寂寞创作、视发表为"拍卖灵魂"的迪金森，才能理解爱因斯坦所指出的，在科学的殿堂里，最崇高的位置是为那些对科学怀着宗教般热情的人们准备着的，造福人类的美德或是满足兴趣的欲望，都不足以和这种热情相比。

所以，在有见识、懂爱并会爱的父母那里，他们所给予孩子的，必定不只是无微不至的生活关怀，那是一个尽职的保姆都能做到的事情。他们会勤于学习，会努力提升自己在事业和精神境界上的高度，在陪伴孩子成长的这一路上，他们与孩子之间，不仅是抚养和教育的关系，也是彼此鼓励、互相汲取、共同前进的伙伴关系。从这种意义上说，那培养、创造了孩子的父母，也被孩子培养、创造着。

父母尚且如此，何况是教师——以学科为纽带，与孩子密切关联的教师。

前篇说到教育学的三个基本条件。其实，光有基于情感的爱、信任和责任感是不够的。爱是行动，爱更是能力。无论是为了取得工作业绩还是赢得孩子尊重，教师首先要做的，都是提高业务水平。否则，所谓爱、信任和责任感必将成为没有依托的空中楼阁，必将因其裹足于"保姆阶段"，不能满足成长中的孩子的旺盛需求，不能征服他们生机勃勃的野心而遭鄙弃。

教师以引导学生学习专业知识的方式来指向学生，给了学校的教学以教育的意义。反过来，学生需要接受教育者作为"教师"的职责；否则的话，学习的过程就会失去立足之地。还需要认识到教师与学生的教育关系不能是强迫性的。教师不能强迫学生接受教师——教师的地位最终必须通过从学生的给予中赢得。

教师与学生的教育关系要求一种双向的意向关系。教师希望学生在教师教授的知识中学习成长。反过来，学生需要具有一种乐意学习的欲望。没有这种"学习的准备"，就不可能学到什么东西。

在仅有教育者单方面的教育行动，而孩子没有做出积极而真诚的回应的场合，教育情境、教育关系很难实现。

在教育关系中，能够成功施加具有规范性影响的成人，就是权威；能够将权威资格授予成人的，只有被教育者。从这个意义上说真正的权威是孩子，而不是成人。

在优秀教师那里，他们为调动学生学习积极性所进行的一切努力，都是为了取得权威的认可。这样做的前提，是对"真正权威"的认同在先。

所以，好的教师不是握着知识，呼唤或者命令"孩子，你来！到我这里来学习"，而是体察学生状态，是主动地带上知识到孩子那里去。

教师与学生的教育关系具有一种特殊的个人品质。教师不仅仅是向学生传授知识，他实际上以一种个人的方式体现了他所教授的知识。从某种意义上说，教师就是他所教授的知识。一个数学教师不仅仅是碰巧教授数学的某个人。一个真正的数学教师是一位体现了数学、生活在数学中，从一个很强的意义上说他本身就是数学的某个人。同样地，学生也不是简单地储存他学到的知识；每一个学生都是以一个特别的、个人的方式学习。每一个学生都对他的知识和理解事物的方式加以个人的塑造。每一个学生都以自己独特的方式吸收价值观、实际技术，形成习惯和进行批判性的反思。教师可能在教授一个有35个学生的班级，很重要的是要记住所有的学习最终都是个人的过程。因此，对于教师来说，要将他们所教授的学科以一种个人的方式进行调和并与学生进行个性化的接触，这是一个伟大的挑战。这并不是说，教师必须与他的每一个学生保持一种个人对个人的关系（特别是在高中阶段这是不可能的），但这的确是指，教师对他的学生而言，应当是以其个人的亲切方式出现在他们面前的。

每一个学生都以一个特别的、个人的方式学习。关于这一点，我想用刚刚发生的一件事情来说明。早自习，郭乐递来一张纸。我以为又是家长来信。

小河与青草

弯弯的小河边，长满了青青的小草。

小草对小河说："你的水真清啊，一眼能看到底。"

小河说："这要感谢你呀！是你把河岸的泥土紧紧抱住，要不，我早就变成浑浊的泥水了。"

接着，小河对小草说："你长得碧绿碧绿的，真让人喜爱！"

琅琅的书声中，我展开那张纸——是从田字格本子上撕下来的。"这是我送给 xuē 老师的，名字郭乐。"稚嫩然而工整的铅笔字里所传达的亲切与庄严，让我心头一震。下面是完完整整的一篇课文，正是《小河与青草》。没有一个字是用拼音代替的，包括"你长得碧绿碧绿的，真让人喜爱！"

"xuē 老师，这是我第一次写的课文 nèi róng，你喜欢吗？"

此时此刻，教师的心情怎一个"喜欢"了得？

于是，打断朗读，在他们的目瞪口呆中，对着郭乐的"信"，我满怀激情地念完结尾两段：

小草说："这也要感谢你呀！是你给了我充足的水分，要不，我早就干枯了。"

小河流得更欢了，小草也长得更绿了。

然后，我问郭乐："是妈妈爸爸让你写的吗？"

"不，是我自己要写的。"

"为什么呢？"

"喜欢。"

"我也是！"李卓然喊起来，"可是我丢在家里了！"

"我也是。"另外几个孩子也喊。我知道，其中不乏滥竽充数者，可是，有什么关系！下操了，李智炫跑来，仰着脸告诉我："薛——薛老师，就是课文《小河与青草》我也抄了！——是——真的。""真好。下午带给我看。"

我有一个文件包，专门收藏好友来信、贺卡之类。今天，那个红色包里,又多了一件珍贵的藏品。

郭乐正在以个人的方式学习,在表达对于语文的热爱。而热爱,乃是最好的教师。至于我,是否做到"以一种个人的方式体现了他所教授的知识",这不是我说了算的事情。然而,"对于教师来说,要将他们所教授的学科以一种个人的方式进行调和并与学生进行个性化的接触,这是一个伟大的挑战"。我喜欢这样的挑战。

七、矛盾和张力

生活充满了矛盾,也就是说充满了对立原则的张力:自由与控制,安全与冒险,自我与他人,正确与错误,现实与理想,个人利益与社会利益,等等。尤其是在教育学的生活世界里,经验的这种矛盾的二律背反的结构,可能是促使我们不断地思考如何与儿童和学生相处的这个问题的最主要的因素。日常生活的互相对立性同样也深深地存在于我们处理年轻人的压力、问题、冲突和不确定性当中。我们可能会叹惜地说:"假如这些矛盾和张力不存在的话,那么所有的事就简单多了。"确实如此,许多教育理论、儿童抚养方法、许多管理学校的方式都出于这样的动机:希望夸大某个生活方式的重要性以便减少接下来的压力和矛盾,而这些矛盾也许可以更为恰当地被看作是不可避免的对立的生活动力、价值或特点。因此,我们不要诋毁或试图否认这些矛盾,相反,我们应该赞美它们。正是它们给了生活前进的动力、规范性的结构和道德的本性。

快下班了,教导处还忙着给各班发送"考号",考试中,学生必须正确无误地填写。这样做的目的有二:其一,保证阅卷老师看不见试卷所标学校、姓名;其二,阅卷结束之后,迅速将四校混合的试卷分归原处——一年级娃娃也"在劫难逃"。

大家都知道,教学、教育重在过程。只看分数不问过程的做法必将使得教师见分不见人,为提高以分数为标杆的所谓"教学业绩",手段无所不用其极。于是短期行为、竭泽而渔成为普遍存在的常态,"面向学生未来"于是成为一句口号。

多年以来，我们这里的情况是：教学过程无人问津，收获时节如临大敌。据我所知，其他不少地方也好不到哪里去。

校与校交换监考教师，四所学校流水阅卷。而阅卷又发明所谓"背靠背"式，即教师所阅的必须是其他年级的卷子。在这里，"交流"与"回避"十分荒谬地焊接起来：所谓交流，不过是领导所玩的"学校与学校"之间的空手道；"回避措施"却使得教师对其他学校同年级的教学情况——其实是学生答卷情况一无所知。于是，兴师动众的所谓"交流"，连看见结果的一点面子都没能保住。也许你会说：阅卷结束了，也可以看自己和人家的卷子啊。那你还不如说：你可以每天上教育区域网，去查看其他学校的教学情况啊；你可以经常去读《人民教育》，把握教育教学大方向啊。

这样做的动机是显而易见的：对教师和学生极端的不信任。

我曾经抗议，曾经愤怒，那份出于教育良知的愤怒，于事无补，只白白伤害了自己。现在终于学会了一笑置之。现在，就让孩子当它是游戏。将来，等孩子懂事了，渐渐告诉他们如何以游戏心态面对生活中无处不在的荒诞。这样，由于有了教师理智的引导，学校生活就真的成了走向社会的准备。

越来越认同这样的说法：教育者，一方面要努力营造健康理性的成长环境，一方面要培养孩子在带菌环境中的成长能力。在中国，后一种能力尤其重要。

过分听话、过分纯洁的学生，总让人不放心。教师尤其需要防备的，是在道德上的双重标准。让家长在试卷上签字，这是很多教师喜欢的沟通方式。于是，"差生"便有了"代父母捉刀"的种种劣迹；于是，善于识别笔迹成了教师可炫耀的能力。我则以为，教师这是在"逼良为娼"。正如考核教师只看分数不看过程，是在逼迫教师为了证明业绩，拿学生的未来孤注一掷。

一个人的字迹再怎么伪装也是变不了"风骨"的，小孩模仿大人的笔迹更加容易辨认。汪岳却想出一个高招：请初中生当"爸爸"，给他签字，而且是付报酬的——如果教师想到签字。

"沟通"已经导致如此结果，还一味坚持，我真不知道其用心何在。买卖被第三者看见了，汪岳的倒霉自不必说，签字的大孩子也被教育一通。大孩子的态度要多好有多好。一手交钱，一手交字的生意，经办汪岳不是一次了。这一次的签字人却没有收钱。这位"代理父亲"，正是我的儿子。一大一小的两个孩子出去之后，两位教师就辩了起来，争论的议题是：被请求签字的孩子是否该被检举揭发？

"将心比心吧。我们是教师，我们都有因为这事那事迟到的时候。打考勤的问到了，同事自然会说人来了，去干什么什么了。那值日的呢，明知是假话，也不会寻根问底，是不是？如果我实事求是，就说没有来，就说迟到了，你以为我这人如何？"

"有病！你是一个万人恨！但那是大人，小孩子还是要以正面教育为主。"

"如果我们正面教育的结果，使得听话的孩子成为人见人恨的家伙，那么我们是不是在害人？我们是否应当对我们的教育进行反思？"

"我说不过你。反正不管怎么说，小孩和大人还是不一样的。"

"坚决不同意这种说法！这是典型的年龄歧视，是逼着孩子跟我们阳奉阴违，将不诚实的一面表现给老师看。所谓虚伪，就是这样培养的。就拿我的儿子来说吧，比起坚决贯彻你的正面教育，我更愿意他做一个以假面朝你的人。是人都有虚伪的一面，重要的是跟谁诚实、跟谁虚伪。在我看来，虚伪，恰是对不诚恳、不平等、非理性教育的最好回答。对脱离实际、缺乏人情味的正面教育，生活教给他的所谓虚伪，更能保护他，更有利于他的成长。"

"你的儿子你做主，我的学生我做主。"

谈话就这样不欢而散。没有可以普遍实施的道德标准，一切因人因事而异。也许这件事上，没有什么对错可以区别。

回家我问儿子："为什么不要钱？"

儿子说："我觉得他很可怜。"

"下次他再找到你，你还签吗？"

"签！而且不要钱。但是要防好奸细。"

"那你为什么承认错误那么痛快？"

"一是让老师高兴，二是我要出去玩。"

"好儿子！你真的长大了。"

是什么在促使儿子长大？是现实与教育的矛盾，是良知与利益的冲突。这些困惑，对于孩子而言，是教室和书本上得不到的成长的动力。

我所以为的成功教育，与孩子考上什么大学无关，与孩子在社会的阶梯上爬升到哪一级更是无关。我所以为的成功教育就是：孩子走到哪里，你都放心。从这个意义上说，我以为我是一个成功的母亲。

在教育世界当中一个最根本的冲突就在于自由和控制间的矛盾。

儿童生活既需要自由也需要秩序。他们需要受到控制的自由以及那种将自由推向前进的控制。具有讽刺意味的是，一个高度放纵的和几乎完全没有约束的环境并不是如有些人所提出的那样，能促进年轻人的那种合理性、温和性、积极的自我概念和自律。而一个森严的规章制度，盲目的服从，强加的纪律和严厉的惩罚，高度规章化的环境同样也对年轻人的积极成长极为不利。高度放纵和高度规章化的环境一直与年轻人的毁灭性的、充满冲突的和无序的行为相关联。

因此，对于家长和老师来说在怎样的限度上来积极地干预孩子的生活或让孩子独立地处理自己的事，常常是一件令人头疼之事。积极地指引孩子和让孩子自己去寻找方向的这种双重角色，是对教育学思考的永恒的挑战。我们试图对这种二律背反保持清醒的意识，一方面，我们积极主动地给儿童生活以指引；另一方面，对放任自流和控制的要求保持敏感。年幼的儿童既希望自由，又希望老师给予一定的秩序感。作为老师和家长，我们需要认识到，比如说，有时我们帮助孩子学会做某些新东西是合适的，而有些时候保持耐心、让儿童自己去做更加重要，即使这样会不可避免地犯些错误或遇到困难。

关于学生教育，我主张"理直气壮地追求教学秩序与营造儿童的内心平静"。而且我以为，孩子秩序观念和宁静心态的形成，有一个特定的适宜时段，错过了就很难补救。在我看来，这个阶段，就是一年级。

这里的秩序是"生成秩序"：伴以惩罚措施的规则固然重要，更重要的是教师以具有吸引力的课堂教学和人格力量，使孩子的服从基于快乐与不知不觉的积极心态。那种靠教师终日紧绷的铁面，靠明察秋毫与严厉惩罚为手段"监管"出来的秩序，不仅因其阴郁森严而不利于孩子轻松高效地学习、健康快乐地成长，其维持也必将使教师耗尽心力。"压制秩序"所付出的代价，不仅是孩子应当身处其间的熔严整与活泼为一炉的成长环境，还有师生应当彼此拥有的朋友般亲切甜蜜的生命体验。

回想高年级，预备铃响过，学生就安静地坐好，以温馨的安静等待我。一年级就不一样了。每次走进教室，里面总是很热闹。从前还前后乱跑呢，现在进步到了只是在座位上高谈阔论——或站或坐或跪或扭，姿态可谓丰富。

"安静！"停一下，等他们都听见、都看见咱了我才喊，"上课！"这时候，他们的心思才归到该在的地方。我的放纵，是给他们面子，也是给自己面子。

萧玲在其博士论文《学秩序的孩子们》中写道：一年级的孩子，由无拘无束一下急转弯进入紧张、繁重、连续、长时间的学习，这本身是一个残酷的考验。在没有考试压力的过去，教师还可以让他们有一个比较漫长的过渡期，可是现在，沉重的教学压力容不得教师再以那种从容不迫的心态慢慢等待孩子学会秩序。在疾速进入秩序状态的过程中，师生所承受的煎熬和痛苦是过去的数倍。

知道了孩子的艰难，把握住孩子的天性，才能真正拥有宽松的心态。在一年级，不仅对于课前"茶馆"教师必须忍受，就是课中不可避免出现的疲惫和无序，教师也要学会包容。

在这种时候，我会和他们一起听一段音乐，或者干脆停下来，站在那里，用含笑的目光看着他们，让他们讲个够，因为已经种在他们心里的、暂时沉睡的规则在，因为有正在生长中的，日见亲切与融洽的师生情谊在。说着说着，他们必定自动停下来，最后一齐怔怔地看着不说话的老师，一副如梦方醒的可爱状，目光中充满满足与惊奇。好像在说："哦，原来这是在上课。老师，对不起，我们说好了——您请吧。"

这种境界，这种约束与掌控之内亲切、短暂的混乱，是小孩子学习秩序过程中需要的缓冲地带，其间蕴含的，是低年级才有的幸福与快乐。

谢谢孩子们，是他们教会我心平气和。当我心平气和的时候，令我受益的，又岂止是工作这一个方面？

教育学上的二律背反的矛盾不仅向我们的日常生活挑战，而且也需要我们做出反思性反应。比如，我们常常遭遇到我们的理想和"现实"需要的矛盾：一方面，我们需要为更高的价值奋斗；另一方面，我们需要认识到生活是复杂的，永远也不完美的，需要认识到生活要求对实用主义做出妥协。

这一点很好理解：我希望儿子绝不做没有安全保障的见义勇为之士。不仅如此，我还叮嘱他：万一遇上了歹徒打劫，不要反抗，身上的财物，都交给他。人身安全永远是第一的。

因为《教育漫话》的主题是家教，所以在《读洛克的日子》里，我几乎都在拿儿子说事。这篇文字呢，只想拿学生说事。现在为什么说到儿子了呢？我的意思是：我是怎么教育儿子的，就怎么教育学生。先具父母心，然后论师德。

> 最好的最智慧的父母为其孩子所争取的，一定也是整个社会为所有的孩子所争取的。
>
> （杜威《学校与社会》）

我以为，一个为人父母的教师，他对自己孩子的希望与他对学生的希望应当是一致的。而且我以为，在我们的教育体制下，缺乏的恰恰是诚恳与负责——父母面对孩子一样的诚恳与负责。

关于矛盾、对立、二律背反，是一个说不清、舍不下的、具有特殊魔力的话题。反观自己的教育文字，这篇和那篇，甚至同一篇里，自相矛盾的地方往往显而易见。我知道，但我并不想为了看起来严密和无懈可击而去整理修改。

这既是对充满张力的生活的反映，也正是蓬勃的生命的状态。教无定法。一切的不确定性，一切的无止境性，正是教育这一行的魅力所在。剪不断、理还乱的这层意思，崔卫平老师说得透彻。

我们几乎在说任何一句话时，都不能不是腹背受敌的。在刚刚表达完一个思想的第一秒钟之内，就会产生一个念头：需要另外一篇文章，来表达与刚才相反的意思。

所有这一切，都几乎在同时出现，而且根本就不存在区分好坏的标准。但我希望这些不同的标题能表达出我的一个大体上一致的意思，然后把下一秒钟留给那些想表达完全相反的意思的人。

思想，作为一个不断生长着的整体，总是需要这样那样一些完全不同的"营养"来滋润的；你随便从一个人的思想（作品）中切下任何一块来加以评述，都会给人不完全的感觉。但作为一个人，一个活生生的人，在任何时候、任何情况下又都是完整的。这就是一个人所给予我们的"感性确定性"，哪怕如黑格尔所说，这种"感性确定性"又是语言所不能达到的。

（崔卫平《积极生活》）

八、非判断性理解

关于教育学理解，马克斯·范梅南将其概括为五点并逐一细论：（1）非判断性理解；（2）发展性理解；（3）分析性理解；（4）教育性理解；（5）形成性理解。

排在第一位的是非判断性理解。个人以为，如此甚当。非判断性理解既是达到其他层面理解的基础，也是实践中的教育者最为缺乏的。

非判断性理解与开放型的聆听有关——普遍存在于朋友之间。

很多艰难困苦的时候，我们需要的其实就是一种接受性的、开放的、同情的、帮助性的聆听。向信赖的人倾诉，有助于消除我们压抑的情感、紧张的心情、内疚不安的情绪。好朋友只会耐心地聆听，不做任何判断以免情况更糟。你最值得珍惜的朋友，未必是最能帮你、给你诸多实惠的人，而是那个肯以同情、开放、不做判断的心态聆听你的人。

说着说着，郁闷会消减不少；说着说着，你会发现自己的不足；说着说着，你会觉得力量重新回到身体。"说完了，感觉好多了！"这样的经历，谁都有过。那没处可以诉说的人，是多么可怜可悲啊。孩子也需要有人聆听他们诉说，不做批判性或否定性的判断。

> 教育学理解其中一个因素就是具备洞察儿童内心世界的能力。为了达到这一点，成人首先必须能够以一种开放性的、让人感到温暖的接受性的方式来聆听孩子的倾诉。……成人必须能够以一种非判断性的方式聆听，而不是以自己的兴趣为中心。

"孩子越大越不听话，竟然嫌我唠叨了！"家长往往向教师如此抱怨。其实，同样的嫌恶也存在于师生之间，只是因为关系特殊，孩子迫不得已而多给教师一些面子罢了。

聆听应当是相互的，让对方听你的前提是你先听对方。以真诚倾听教会孩子倾听——这是被太多家长疏忽了的事情，教师必须记得从低年级起，刻不容缓地做。

"孩子上高中了，你是如何与他保持良好沟通的？"

报告会上，有人这样问。我放声大笑："等到高中了才考虑沟通，不也太迟乎！沟通的渠道早隔着三山六岭了。沟通，也就是彼此诉说和倾听，应当是从小到大、日不间断的。"

"可实际情况往往是剃头挑子一头热。父母热情有余，孩子避之不及。请问具体做法？"

"一、喜欢他的喜欢，欣赏他的欣赏。哪怕是假装！这是让孩子向你敞开心扉的第一步，交流中，可以慢慢渗透你的观点。二、不断地读书学习，使自己的谈吐具有新鲜活泼的吸引力。喜新厌旧是人的本性，天天聆听老生常谈而不厌倦的孩子，建议你带他去瞧心理医生！"

当"事件"发生，"告诉我，你为什么这样做？"教师如此问并不意味教师准备听孩子解释，而是早有批评性的判断在先。我们所期待的，其实是孩子的悔过与检讨。

天长日久，面对我们的时候，孩子感觉到的自然是冰冷与坚硬的，他们自然要将倾诉的渠道向我们关闭；他们会另找诉说对象的，也许是他的好朋友，也许是坏朋友。于是我们听到和看到的，只能是孩子的另一面——假面。

到那时，我们又怎能责备孩子的逆反与不知好歹？

到那时，一切所谓语重心长者，又怎能不是对牛弹琴？

九、有意义的问题

与医生的医疗情境的反思实践最为相近的情境是教师和学生之间的教育情境。但是，与医生不同的是，教师似乎更加关心对某些体验的教育学意义和重要性的反思，而不是对解决问题的反思。问题需要的是解决办法、"正确的"知识、有效的步骤、解决的策略、有力的技术或方法，以便得到结果！当我因为病痛去看医生的时候，医生很可能能够解决或纠正我的问题。

可是，教学问题很少有这种意义上的"问题"。

教育不是万能的，学校教育更不是。遇到油盐不进的学生，"一能"都不能。"爱、信任、责任感"，只是教育学的外部条件。没有这些，教育者不可能实现教育目标；但仅靠教育者一方努力，就解决所有问题，那是不可能的。

教育能做的，是吹旺微弱的火苗，使其熊熊燃烧；是疏通淤塞的河道，使其畅快流淌。然而"能做"是有前提的，这前提就是：火尚在，火在柴中；水尚有，水思流动。

你怎能在泥里点火，你又怎能使彻底干涸的河道成为一道清流？

所以，马克斯·范梅南的这句话，实实在在是"道中人语"：

当儿童变得"难以对付"或儿童感到"困难"（这常常是两码事），这种困难很少能够"解决"和根除。

一个在麻将声、烟酒气、无赖堆里长大的孩子，一个在只管养不问教（很多情况下，其父母根本就不懂教，甚或自己就从来不曾受教）的动物性舒适环境中长大的孩子，这样的儿童，哪怕吃的是山珍海味，穿得摩登时尚，从教育学意义上说，也是一个遭消极虐待的畸形人。这样的儿童，谁若以为他是天真烂漫的，谁就是天真烂漫到了可笑。这是一块过早沙砾化了的野地，你怎能希望其间收获丰美的花果？这是一个被污油浸透了的布团，你怎能希望学校教育的清泉能使其恢复到洁白无瑕？

一个从小没有习惯于遵守规范，没有树立责任概念的孩子，来到学校，教师以为理所当然应当完成的学习任务，而他则是理所当然地不能完成。因为任性、懒惰、无责任感的劣习，已经深深扎根在他的骨髓。这孩子如果能够勤奋，他就不是他了。

所以，马克斯·范梅南的很多案例，只提出问题，没有给出解决的方法。因为他也不知道具体怎么做才好。而且在他看来，不少成功案例之所以成功，都有一定的偶然性。比如奶奶见孩子拉琴厌倦了，就进来一边织毛衣一边听，枯燥的练习于是变为演奏，于是孩子激情复燃。马克斯·范梅南指出，也不排除事情会有另一种可能，孩子见有人来了，就彻底泄劲了，干脆放下琴向奶奶诉苦呢？那时又该怎么办？

苏霍姆林斯基也说："'差生'巴甫里克终于成为优等生，并非因为教师努力，而是因为巴甫里克沉睡的思维'自然苏醒'了。"这样的孩子有很多，他们在什么时候苏醒，是否会苏醒，没有人知道。"教师只有耐心地等待。有些时候，放松更好。"多么诚实而痛切的忠告！这就是真正教育家的伟大所在。

> 教师似乎更加关心对某些体验的教育学意义和重要性的反思，而不是对解决问题的反思。
>
> 有意义的问题是不能一次就永远"解决"或根除的。

在我看来，问题即便永远不能解决，直面和思考这样的问题，也是有意义的。

第一，懂得了"谋事在人、成事在天"。基于自知之明，教师便知道何时该原谅自己。而这种平和的心态，乃是做好教育工作的前提，是教育者必须先行营造的良好心理环境。

第二，懂得了学校教育力量的有限，教师便将工作视野扩展到学生家庭，试图从"根部"改善局面。对于教育工作而言，没有人保证"付出终有回报"，很多事情，做了也许白做，但是不做，必定一事无成。而且，一旦懈怠，"事情"会呈现可怕的自我繁殖状态。

就算不能修正根部，改善困难孩子的家教环境，教师也可以努力营造良好的班级风气，使个别学生的不良倾向处于被遏制、消减的状态。一块被污油浸透了的布团，没有人可以让它彻底洁白，但是如果这块布置身于清澈的活水之流，至少它可以不变得更脏。班级是一个整体，每一个人的好与不好，都会根据他的影响力发生或大或小的边缘效应。

打个不恰当的比喻吧：即便是在医学领域里，也有很多疾病是一旦得了便终身缠绕的。医生面对不能根治的疾病，一要努力控制病情，不在这个人身上恶化，二要争取病情不致传播扩散。

也是最后一条，教师会思考问题孩子的成因，反思自己是否穷尽阻止下滑、引领向上的方法。智慧源于行动与反思的密切结合——"没有办法"的经历，可能会成为减少"问题孩子"的契机。对于一个注定一生从事教育工作的人而言，工作中的每一个困难都是一份助你成长的礼物，一块供你耕耘的土地。而收获，未必是在此时此地。

但是，教育学的问题（疑问、困境、困难）永远也不会消失。它们始终是教育对话的主题。它们需要我们这些希望从洞察中获益的人以一种更加适当的个人方式去接近它们。换句话说，"困难"是某个我们必须去阐述、研究并始终保持关注的东西。

从这种意义上说，每一个问题孩子，每一个不能解决的问题，就都具有教育学上的意义。必定有很多问题永远不能解决，那么，让我们放下自欺欺人的骄傲，学会与这些情境相协调以及互相之间如何相处。

这既是一种现实的态度，也未尝不是一种值得提倡的人生智慧。如果教育者首先不能学会与困难和谐相处，那么我们怎能引导孩子走上绝非完美而又充满艰辛的人生旅途？

十、机智及教育机智

机智具有人际间的和规范性的特点，这特别适合我们与孩子的教育互动。

机智由一系列的品质和能力构成。首先，一个富有机智的人具有敏感的能力，能从间接的线索如手势、神态、表情和体态语来理解他人内心的思想、感情和愿望。机智也能迅速地看穿动机或因果关系。……其次，机智还在于具有理解这种内心生活的心理和社会意义的能力。……再次，一个富有机智的人表现得具有良好的分寸和尺度感，因而能够本能地知道应该进入情境多深和在具体的情境中保持多大的距离。最后，机智还有道德直觉的特点。一个富有机智的人似乎能感受到什么才是最恰当的行动。

是规范性，也即"道德直觉"的品质和能力，使马克斯·范梅南的机智与我们通常所理解的机智有了区别。在马克斯·范梅南看来，一切带有虚伪的和自私的机智都是虚假机智。因为它是以个人兴趣或贪婪为动机、以不诚实或虚伪为特点，动用心机不是为了对方的利益，而是实现操纵式的影响，以满足自己的欲望——无论这种欲望是物质性的还是精神性的。

面对父母，面对教师，孩子是相对脆弱和容易操纵的，正是这种与孩子相处时的"关心取向"，使教育者的"急中生智"区分为虚假机智与教育机智。

要拥有真正的机智，就必须克服那种对于人类来说似乎十分自然的对世界的指向，即把自己看作一切事物的中心的态度。真正的机智是具有"他者性"的实践。有趣的是，我体验他人的"他者性"的可能性就在于我对他人的脆弱性的体验之中。正是在当我看到他人是一个这样的个体：会被伤害，会沮丧，会遭受痛苦、柔弱、悲痛、绝望，我才可以开放自己去体验他人的本质的存在。

对于一个教育者而言，真正体验到孩子的主体性的可能，就存在于我们对孩子的脆弱性的体验之中。孩子的脆弱令成人心灵保持柔软，并使我们内在的耳朵听见儿童需要的召唤——这样的时刻和场合，就是教育时机和教育情境。在这样的时刻和场合里，我们觉得自己非做点什么不可——有时候，"做"就是有意地什么都不做。

展现机智的人似乎都具有在复杂而微妙的情境中迅速地、十分有把握地、恰当地行动的能力。这种瞬间知道该怎么做的临场智慧和才艺来自哪里？个人以为：第一，一切行动服务于儿童发展的坚定信念；第二，实践中积累的经验；第三，实践中养成的近乎本能的反思习惯。是反思加反思，使我们的判断和临场反应越来越迅捷、恰当和充满自信。

机智源于对行动的反思。反思需要静心，需要与情境保持适当距离。教育孩子是艰难的，教育工作琐碎而艰辛，教师要不断地采取行动。很多"点"上的小事，处理不当就会演变为波及全局的大事。学坏容易学好难，儿童接纳不良倾向的速度和能力，似乎远远强过对于正面教育的接受。孩子一旦成为难以对付的人，一旦老练到"看透一切、识破一切"，既硬且锈的灵魂，就再难回到童心应有的柔软与清新……

琐事和压力极易令人疲劳厌倦，疲劳厌倦又令反思成为奢谈。

缺乏机智的行动往往使事情越忙越多，这实在是每一个教育者必须面对的两难境地。

克服困难的力量从哪里来？来自拥有教育机智的渴望，来自坚定而恒久的对孩子一生负责的责任感，这种心态，拓展了教育者的精神空间，温暖了教育者疲倦的目光。从这种意义上说，教育机智与其说是某种可观察到的行为表现，还不如说是一种主动建立起来的关系方式。机智是怎么表现出来的？马克斯·范梅南用事例告诉我们：机智表现为克制，机智表现为对孩子的体验的理解，机智表现为尊重孩子的主体性，机智表现为"润物细无声"，机智表现为对情境的自信，机智表现为临场的天赋。

教育机智做什么？马克斯·范梅南用事例告诉我们：机智保留了

孩子的空间，机智保护那些脆弱的东西，机智防止伤害，机智将破碎的东西变成整体，机智使好的品质得到巩固和加强，机智加强孩子的独特之处，机智促进孩子的学习和个性成长。

教育机智如何实现它的目的？马克斯·范梅南又用事例告诉我们：机智通过言语来调和，机智通过沉默来调和，机智通过眼睛加以调和，机智通过动作加以调和，机智通过气氛加以调和，机智由榜样加以调和。

然而在我看来，对于一个教育实践者而言，这些区分和论述都不重要。因为机智，并非如推销与演讲一样通过研究书本、参加培训就可以获得。在实践中，对于机智的表现、作用、实现目的手段，要做出泾渭分明的辨析其实是很难的。

真实的情况乃是：一个拥有了教育机智的教师，就是那段沉默所蕴含的深意，就是那个手势所代表的力量，就是那道目光所传达的温暖，就是那席话语所带来的震撼。

那样的沉默，那样的手势，那样的目光，那样的话语是不能简单模仿的。因为机智从本质而言是一种关系，因为使得沉默、手势、目光、话语弹出了和谐的调子，调和出温馨的气氛，拥有了保留、保护、防止、整合、巩固、加强、促进之力量的，是几乎不假思索地这样做，或者什么都不做的这个人。

一句话，一个拥有了教育机智的教师，就是人格化了的教育机智。对于年轻的教育者而言，要想从优秀前辈那里学得教育机智，首先要做的，是研究这个人，其次才是方法——方法背后的东西，比方法本身更重要。

> 教育中有许多的倾向与教育机智的更深层次的兴趣相矛盾：课程政策更主要的是关心可以度量的学校成果，老师感到被迫以考试为中心进行教学，学校的规章制度没有帮助孩子体验集体感——所有这些都往往忽视了这样一个事实，即所有的教育最终是为了整体的人的教育。许多老师直觉地知道，对于所有的学生来说，他们的教育是一个终身的活动。每一门课程、每一个主题、每一个成就必须从这个更大范围的年轻人的生活活动中加以理解。

许多老师自己不知不觉地在与官僚的、行政的、政治的结构进行一场无声的战斗和对其进行个人的改革。他们这样做是为了保存孩子教育体验中的健康品质。

这一段说的是北美的情况,其他一些地方的现状和发展态势则更为严重。学校,正把"整体"的人的生命价值窄化为体现学校教学质量的唯一用处;制度,正把整个的"人"物化为纯粹的管理对象;而教师,又因其所在年级、学段,将儿童生命的价值再度窄化,为了证明自己所在阶段的教学成绩,手段无所不用其极——很少有人会理睬孩子的终身发展。

当孩子成为原材料,存在的意义是供学校和教师榨取分数的时候,教育已经死亡——生命正遭窒息。所谓教育机智,也必定日见枯竭和贬值。因为教育机智的源泉,是对儿童主体性的尊重,是对"整体的人"的生命的敬畏。

对于每一个怀抱教育理想的人而言,忘我地付出,沉重地思考,以期拥有未必有人喝彩的教育机智——这真是一场无声的战斗。这样伟大而悲壮的战斗,显示了我们正在作为真正的教育者真正地活着,以完整、健康、无限丰富、无限独特的生命的名义活着。

明事理总是好的

——关于《学会关心——教育的另一种模式》

九月初，于焦头烂额的间隙，我读完了内尔·诺丁斯的《学会关心——教育的另一种模式》。同时，每天早晨上班之前，读几章《道德经》，这样迥然不同的两本书，在最为忙乱疲倦、最易焦躁繁杂的日子里，为我带来了心平气和。

书是河南朋友邮给我的。

开卷的第一眼，我就被深深吸引。

> 距离此书第一次出版，十年时间已经过去，而书中所提主张的重要性在今天却有增无减。在过去的十年里，美国学校教育经历了一种令人可悲的变化：所有学生都被强迫灌输一个统一的标准课程，并且接受统一的标准化考试。虽然遭到众多富有远见的教育理论家的反对，考试机制仍然控制着我们的学校生活。

（引自《学会关心——教育的另一种模式》，以下凡引此书，不再注明出处，只以仿宋体显示）

在很多人的眼里，大洋彼岸的学校，早已成了"素质教育"的代名词。从前，我也这样以为，直到读了《麦田里的守望者》，才知道事实并非如此。是那本通篇脏话、满纸悲凉的小册子，而不是我们的教育文字，使我理解了身边越来越多的"坏孩子"。

他们像垃圾一样，被考试的车轮轧扁、抛弃。作为唯一康庄大道上的掉队者，他们除了出局，别无他路；除了堕落，别无他路。这些孩子，其实也有一份属于自己的理想：远离残酷竞争，过安静、简单的生活。然而，在冷酷的现代社会，拥有这样的理想，简直就是无能的标签。

长大了当一个麦田里的守望者——这是霍尔顿没敢说出口的理想。如果说出来了，其遭遇，大约和三毛在作文中宣布"长大要当拾荒者"

之后一样。

家长和学校联起手来，逼迫孩子读书，只是为了"出人头地，以便将来可以买辆混账凯迪拉克"！

要么过关斩将，成为生存竞争中的胜利者；要么被抛弃，成为废物和多余人。社会的车轮隆隆前行，淹没了失败者的叹息和眼泪，没有人在意他们的绝望，没有人珍惜他们对真诚、友爱和关心的渴求。

第四次被开除的霍尔顿，凄惶万端，不敢面对父母。然而，他是一往情深地爱着爸爸、妈妈和他学业优秀的哥哥、妹妹的。于是，霍尔顿夜间潜回家中，悄悄看望父母。妹妹告诉他："爸爸会要了你的命！"

于是他只好逃出家门，重新坠入社会的深渊。

这样的情况，在很多地方早已司空见惯。

在《时代周刊》的一次采访中，美国前任劳工部长威廉·布洛克指出：我们将重点都放在上大学的孩子们身上了，而这些孩子只占总数的30%……在这里，我们对四分之一辍学的孩子说，我们将让你们从我们的视线里消失，我们不会给你们发挥创造性的机会。一点也不奇怪这些孩子辍学了，因为整个系统都对他们说——我们不在乎你们……

"我们不在乎你！"这是美国政府对四分之一辍学的孩子的态度——这又何尝不是我们的社会、学校对一部分孩子的态度！只是这"一部分"的比例有多少，没人能说得清。

> 关心和被关心是人类的基本需要……没有这种关心，我们就无法生存下去，无法成为一个完整的人。在人生的每一个阶段，我们都需要被他人关心，随时需要被理解，被接受，被认同。

同样，我们也需要关心他人。但是并非所有人都学会了如何关心他人。有些人真诚地关心知识，关心伟大事业，关心物质世界，关心动植物，却对同类的人缺乏同情。也有些人精神贫乏，对任何人或事物都漠然视之，在漫无目的的人生里没有关心和信仰。还有一些人形成一种扭曲了的"关心"概念，以关心的名义干危害他人的事情，这样的人是危险的。

之前，我只惭愧于关心别人不够。现在，我扪心自问：面对孩子，作为教师的我，是不是个危险的人——以关心的名义干危害他人的事情？答案不是期待的那样乐观。很多时候，我的"严厉"，是出于泄愤的需要；更多时候，我因无力或者不想顶住压力，而让孩子承受了不必要的折磨和苦痛。而当我这样做的时候，往往打着"为你们好，关心你们"的招牌。

我认为，教育最好围绕关心来组织：关心自己，关心身边最亲近的人，关心与自己有各种关系的人，关心与自己没有关系的人，关心动物、植物和自然环境，关心人类制造出来的物品，以及关心知识和学问。在这些关心领域，我们会发现许多主题可以作为课堂教学、专题讨论、研究项目、阅读参考以及对话的基础。然而目前，学校里的课程几乎完全围绕着学科知识来安排，而且这种组织毫无章法，以至于知识都被那些所谓的事实和技巧所淹没。即使有的学生真的对某些学科领域产生兴趣，譬如数学或者文学，他们也只会以失望告终。

作为资深的数学教师，作者用大量事实，说明在美国课程设置不合理，使得原先对数学感兴趣的学生，也只会以失望告终。

在我们这里，磨灭孩子数学兴趣的，除了课程，更有为了应付考试而衍生的"魔鬼训练法"：题海战术，机械运算，错一罚十，错一罚百……这是一个向稚嫩的生命无情地榨取分数的血腥的"教学过程"。教师的这种行为，大多出于无奈，因为他们正承受着随时被职业竞争的车轮轧扁、抛弃的巨大压力。

生存遑不及论，何况关心他人？这就是"非人的教育"。

至于说到语文，说到语文教学中的文学魅力，还是韩寒的话到位，他将自己在写作上的成就，完全归功于"不听语文课，不读语文书"。

乔纳斯·F.索尔蒂斯认为，以传统学科教学为核心的普通教育课程不是所有孩子都需要的理想课程。学校对学生语言和数学能力的发展过分重视，却对学生的其他天赋和才华严重忽视。她呼吁：我们在课程和教学两方面都需要一个根本性的改革，以便使教育真正面向全体学生。学校必须注重学生的全面发展，而不是仅仅着眼于少数学生的学术进步。这个新教育模式以这样一个认识为前提：人的智力因素不仅仅只有一种，学生个人情况也千差万别。每一个孩子的独特天赋、能力和兴趣都需要教师给予充分的注意，都值得学校为之提供发展的机会。

这样的话，相信每一个中国教育工作者都会觉得十分耳熟。然而，在作为教育家和关心伦理倡导者的内尔·诺丁斯这里，她没有止步于呼吁。在全书十二章的内容里，她以生动细腻的笔触探讨了以"关心"为核心的教育模式所涉及的各种理论上和实践上的问题——从课程设置到教学方法和争取社会力量的配合。很多时候，她只是提出问题，而不是给出现成方案；不止一次，她说"这是一个困惑"，"这需要我们和不同意见的人进行交流"。

这份开放、诚恳，恰是打动我的重要原因。

有作为教育理论家的严谨，有作为平常女性的亲切、随和，有作为母亲的期待、忧虑，更有作为中学数学教师对师生关系和学校生活的深刻体验。大部分章节，我是来回读了两遍的。收获之大，一篇难尽。

我知道，很多问题，不是我们这些为生存而苦苦挣扎的普通教师可以解决的。

然而我相信，像我这样的人为数不少：不管生活怎么暗淡和沉重，读好书、明事理，仍是我们生而为人的乐趣——往往是这样，现实越是令人失望、沮丧，我们越需要从朴素的好书、从诚实的道理中，汲取阳光和力量。

像这样精辟动人的论述太多。它们已经叩动我，且必将影响我——

> 我们将车停在机场三天，回来的时候还清楚记得它停在K区14号，可是不久就把这些信息忘得一干二净。如果孩子们为一个具体的考试去记一些东西，那么会不会发生同样的事情呢？
>
> 教师不应该被当作可变来变去的实验工具。
>
> 教师不能够被视为传送系统或者处理工具。孩子们也是这样，

课堂教学过程中一个不经意的一颦一笑或许就会改变一切……未来所需要的并非是成堆的知识分子，而是大量受过教育的人——会感觉、会行动也会思考的人。

蕴含在那个口号里的良好愿望也会导致人们不愿意看到的结果：采用高度独裁与控制性的教学方法，因而损害孩子们的学习兴趣和目的。

没有多少东西是所有学生都需要学的。应当允许学生们放弃某些东西。

任何有良知的成人，都能够并且应该以关心的态度，向学生们讲解我们大多数人都珍视的品质，诸如诚实、爱心、开放心态、非暴力、体恤和谦恭等。讲解这些东西并非一定就是灌输，就像教数学要讲解和记忆一样，那是必需的。

与身边最亲近的人的关系既是道德生活的开端，也是它的一个重要结局。

本来想就全书做阅读总结。现在，说完前言部分，兴致已尽，便不再勉强自己。可是我知道，我会常常重读的，既是温习一本书，也是营求一种情怀。

再说一遍：虽然书中设想和美国现实相距遥远，然而，明不明事理的两个人，面对同一个扭曲、残酷的现实，从心态到实践到对孩子的影响都将大不相同。最终，自己的生命状态也将大不相同。

无论如何，明事理总是好的。

幸福的蜥蜴

——读《课程理论——课程的基础、原理与问题》

引　子

　　《课程理论——课程的基础、原理与问题》不知你是否会感兴趣，专业色彩更浓了。作者施良方教授英年早逝，令许多业内人士扼腕叹息，而他留下的大量的论文、专著已为他做了最好的纪念。打开它，也许你会发现，原来全心全意做理论工作的人，也可以那么感动读者。他的文字简朴流畅，思维简洁明朗，表达不蔓不枝，参阅材料之丰富，评点与小结之到位，是中年学者中少有的。

　　2004年11月17日，紫色墨水写就的长信——此刻就展现在我的面前。当时，我对这些话没有感觉；当时，我只感动于萧玲对我的一片错爱。

　　现在，我知道了。

　　我刚刚读到第58页《绪论》和第一编《课程的基础》的前两章《课程与心理学》《课程与社会学》。由于语言的高度凝练和信息量的高度丰富，几乎边读边忘，可是，我已经被深深迷住。第一次知道：由于作者的所涵所恃、所倾所注，理论，也可以充满生机与魅力。

　　第三章，《课程与哲学》。我知道，随文字席卷而来的，将是更深的感慨与陶醉——也许，对于"真正学院派"的理论著作，这样说不够尊敬。但这，却是我真实的感受。

　　所以，我要停下来，把两天里零星阅读中的零星感受记录下来，否则，必定被汹涌而来的更深、更强烈的新感受涤荡殆尽。然后呢，就这么散散漫漫、肤肤浅浅地边读边写。

　　"先生的英年早逝，或许会让你在阅读时多一些理性。"萧玲如是说。萧玲啊，你错了，对于天生感性的人来说，"先生的英年早逝"，只能使他的解读更多感性。

真正的写作都是自言自语。所有的教和学，都在以个人方式进行。不避散漫，不恐肤浅，珍爱并且记录片它们，只因为它是我的解读。

一本深刻而迷人的好书，就是一座蓊蓊郁郁的森林。沉浸其间的时光里，你是一只幸福的变色蜥蜴。希望读完和唯恐读完的矛盾，甜蜜地折磨着一颗脆弱之心。就这样急切又犹豫，贪婪又不舍，爬着，爬着，吸收着。虽因沉醉而蹒跚的步履，根的苍老、花的艳丽、叶的翠绿、果的橙黄、水的清洌、土的黝黑印布渗透了整个身心。那时候，你与森林是一体；那时候，作为幸福的蜥蜴，你就是森林。

当你终于爬出，一切，都与从前有点不同了。

一、没有答案

课程即教学科目，课程即有计划的教学活动，课程即预期的学习结果，课程即学习经验，课程即社会文化的再生产，课程即社会改造。于众说纷纭中归纳出六种具有较大影响的界定之后，先做小结如下：

> 本节对各种课程定义的辨析以及对定义方式的考察，并不是为了得出一个精确的课程定义，而是为了说明：每一种有代表性的课程定义都有一定的指向性，即都是指向当时特定社会历史条件下课程所出现的问题，所以都有某种合理性，但同时也存在着某些局限性。而且，每一种课程定义都隐含着作者的一些哲学假设和价值取向。对于教育工作者来说，重要的不是选择这种或那种课程定义，而是要意识到各种课程定义所要解决的问题以及伴而随之的新问题，以便根据课程实践的要求，作出明智的决策。
>
> （引自《课程理论——课程的基础、原理与问题》，以下凡引此书，不再注明出处，只以仿宋体显示）

之后，在《课程理论概述》一节中，关于"课程研究历史概述"，关于"现代课程理论的奠基石"，关于"现代课程理论流派"，作者一如既往，本着历史原貌，平实、公允地介绍各种理论的产生、影响、优点、缺陷。

通过文字，触摸各种理论的兴替沿革，心潮也随之起伏跌宕——A、B、C、D顺流而下，对A的叹服还没有结束，B的革故鼎新又让你兴奋莫名，跟着来的是C对B的反思与纠偏，跟着来的是D对C的批判性继承或继承性批判——每一流派，往往又因对课程所涉重大因素各有所倾而分为不同支系。

想一想，谁说的都有道理。

我可不是教育历史博物馆里的一名游客，仅仅满足于赏心悦目；我的读书是为实践求"好的指导"的。予取予舍？这是一个问题。如果没有答案，那我不是白忙了？

刚刚读过的，就是如此；即将读到的，也必如此——

山重水复，柳暗花明。旧辙犹在，新的田野又在眼前不断展开。人类在课程领域的求索，其精彩与迷人的程度，绝不亚于在自然界的漂流探险。历史滚滚向前，文献浩浩如海，学说可以发展，思想可以更新，但前辈筚路蓝缕以启山林的开创精神，永远是后人得以从他们肩头出发，迈向更高更远境界的力量所在。

即便是发展与更新，也是有限的。真正伟大的思想，其作用绝不仅仅在于做了滋养新生事物的土壤，其所包含的恒定价值，永不会被完全超越。

比如形式训练说，早在1924年就被桑代克的教育实验敲响了丧钟的形式训练说，它以为：设置课程，不是为了这些学科本身的价值，而是在于这些学科对心智的训练价值。

让我们回到300多年前，听听洛克怎么说："教育的事情，并不是要使青年人精通任何一门学科，而是要打开他们的心智，装备他们的心智，使他们有能力学会这门学科。"

"读史使人明智，读诗使人灵秀，数学使人周密……凡有所学，皆成性格。"培根的话，尽人皆知。"当你把受过的教育都忘记了，剩下的就是教育。"爱因斯坦如是说。

想一想，是不是有相似的意思？

期待捷径，期待毕其功于一役，于历史最近端轻轻巧巧取得最先进的方法。我所期待的,其实是空中楼阁,其实是想拽着头发升上天空,其实是从无根的树上获取丰美的果实。

现在明白了,没有与历史断了血脉的先进思想。相反,每一种新思想,从历史汲取越多,其果实就越发确实可靠。一切都要根据自己所掌握、所面对,去思考、去抉择。关于"最好最先进"的理论,这本书不能给我答案,能给出答案的,必定出于骗子之手。这难道不是最好的吗?

同课程定义一样,各执一端的课程理论现在已很难再占支配地位。人们往往会趋向于关注各种课程思想的融合。然而,综合各种课程思想并不像去超市购物那样可随意选择自己所需的东西,因为每一种课程思想或理论都有其不同的基本假设和冲突的价值取向。简单的调和只会引起理论上的混乱和实践上的灾难。如果要对课程问题作出明智的决策,那就需要对课程的理论基础、课程编制的过程以及课程理论与研究方式有较为全面的了解。

那么,读吧。

二、两个方向的挂靠

奥苏贝尔认为,在设计课程时,最重要的是要时刻记住:"影响学习的最重要的因素是学生已知的内容,然后据此进行相应的教学安排。"只有当学生把课程内容与他们自己的认知结构联系起来时,才会发生有意义的学习。……奥苏贝尔用"同化"作为有意义学习的心理机制:学生能否习得新信息,主要取决于他们认知结构中已有的有关观念,以便把新知识"挂靠"在这些有关的观念上;有意义的学习是通过新信息与这些有关观念的相互作用才得以发生的。

即便是成人,深入研究一个新概念的时候,已有的不经意的接触,也会从记忆深处醒来,歌唱着,应和新知,同化新知。这种积极情绪,将为学习注入亲切的动力。

在小学，尤其是低年级，当教师讲到一个新事物的时候，那曾经听说、看过的孩子，要他保持安静，真困难。"老师，老师，我知道！"

那么老师，无论你的时间多么紧张，也无论他的"知道"怎样少而可笑，请停下来，给他一两分钟，让他说。因为"挂靠"所激发的心理反应，就是这样的激动而愉悦。因为这会令其他孩子好生羡慕，而这种羡慕，将引导孩子在知识的旷野里散散漫漫地走——东西南北，有情无意，随处播下等待耕耘的种子。

在现实的教育实践中，无论课堂教学看起来怎样民主和以学生为中心，其实占据了支配地位的仍然是教师。因为民主是可放可收的，而学生这个服务中心，也随时可以"回归"到教师那里。

既然"挂靠"是如此重要，那么，在实际不对等的教学关系中占据支配地位的教师，就必须主动伸出手——伸出连带着新知的钩子，"挂"上学生认知结构中已有的相关观念。这就要求教师对学生的认知情况有充分的了解。否则，再好的教学设计，再完美的传授手段，也只能是教师自己的事情。而对于所谓学情的真正了解，只能在长期的共同生活中实现，大约，这就是杜威强调"连续性乃教育基本原则"的原因所在。

在这里，"挂靠"的方向往学生固有的认知状态朝向过去。

即便是"自家孩子"，就一个班级而言，知己知彼，也只能是相对的——针对大多数人的。在实际教学情境中，一个教师的教学怎能同时针对四五十个学生独特的认知状况？怎能为每一个学生制订合适的教学设计？这便是以学生为中心的课程论在实践中难以落实的原因。

然而，如果教师把目光投向未来，把"他们自己的认知结构"当作生长中的活体对待时，教师可以做的就更多，也更具包孕意义了。那就是将教育的触角延伸到课本之外，让学生的认知结构在兴趣盎然、无限开阔的课外阅读中，变得丰富宽广起来。这样，无论所授是哪一门学科，新知都可能在学生那里引起温暖的呼应，是这种朋友重逢的拥抱感，使得学习变得容易、快乐，使得旧知对新知的同化变得积极、主动。

我也有一个比喻：建立在大量阅读基础上的宽泛灵动的认知结构，是一片阳光和雨水足够充沛的沃野，只有在这样的地方，才可以指望根深叶茂、花木成林的蔚然景观。相反，如果师生固守着教材和课堂教学的方寸之地，一切所谓勤学苦练，都只能是就地刨坑——当学生固有的认知结构是一片板结的盐碱地时，对于收获，你能指望什么呢？

我的意思是，"挂靠"也要往学生的认知结构朝向未来。

任何一种学习都在以个人的方式进行，任何一种教育活动都必须与学生的过去和未来相衔接。最富有教育学意义的"挂靠"，必须是从过去和未来的两个方向进行的。

要实现这一点，就必须坚持连续性的教育原则。

三、寻找知识的个人意义

学生学习的那么多知识为什么很快就被遗忘了？这是由于它们与学生的自我无关。因此，我们设置的课程，与其让学生花很多时间去死记硬背，还不如让他们花些时间去寻找知识的个人意义。由此看来，课程既不是要教学生学会知识技能（这是行为主义者所强调的），也不是要教学生学会怎样学习（这是认知心理学家所强调的），而是要为学生提供一种促使他们自己去学习的情境。这种学习会成为学生个人经验的一部分，令他终生不忘。据罗杰斯估计，当学生认为课程内容与达到自己的目的有关时，学习各个科目的时间就会大大减少，也许只需目前所花时间的1/3，甚至只要1/5的时间就足够了。

特里莎想学摄影,托马斯请来教授。面对特里莎的无限虔诚与专注,白发的教授感叹亦欷歔,恨不得一下子就让这个女弟子掌握自己的全部所学。因为这样的神情,他已经多年没有看见了。真正的如饥似渴啊，这就是自学者与在校学生的不同。

在《生命中不能承受之轻》里，学习摄影对于特里莎具有非同小可的个人意义：一则，她可以借此在精神层面接近托马斯；二则，她可以借此谋得一份工作，留在城市，留在托马斯的身边；三则，她对摄影本身很感兴趣。

人本主义心理学家关注的不是学生学习的结果（这是行为主义者所关心的），也不是学生学习的过程（这是认知心理学家所关心的），而是学生学习的起因，即学生学习的情感、信念和意图等——这些是使一个人不同于另一个人的内部行为。在他们看来，如果课程内容对学生没有什么个人意义的话，学习就不大可能发生。

使得特里莎的学习状态与学习效果与摄影系里的大学生别之天壤的，正是学习对于特里莎具有重大的个人意义——那些学生没有或是其重大程度与特里莎不能相比。

中师3年，教育学、心理学是我最厌恶的课程。那些课上，我不是埋头抄诗读小说，就是装病睡觉。但是考试成绩却不差，因为我的记性好。但是所背内容甫一交卷就忘得干干净净，如果过两天老师再出同样的卷子让我重考，面对"作弊"的罪名，我必百口莫辩。

曾经以为，那是因为教材太烂。现在知道了，在那个时候，再好的理论于我也是有隔膜的。一则，那时的我，一心想着以后怎样改行；二则，那时的我，即便愿意将来做教师，由于缺乏教育实践，由实践归纳提炼而来的理论，读来也是味同嚼蜡。

所以，像《课程理论——课程的基础、原理与问题》这样的书，在今天被我得到、被我吸收，或者说在今天得到我、吸收我，这实在是一个普通教师与教育理论结缘的最好方式。

这些日子，我可以做的，从另一个层面看，不乏个人意义的事情很多。但是，我宁愿做一条沉默的深水鱼，潜入这一片魅力的海底；宁愿做一只无声的蜥蜴，迷失在这一片广袤的森林。没有人会以为蜥蜴是好看的，可是当蜥蜴用全部身心去汲取森林的氤氲与美丽的时候，在自己的眼里，这只蜥蜴就是最漂亮的。因为它从森林中看见了自己，既超越了功利，又不在乎别人以为如何。自己以为好，自己以为幸福，自己以为需要，这便是最大的个人意义。

"每个学生都能学习"，这话没有错，但话还没有说完。正确的说法应当是：每一个学生都能学好他感兴趣的、对他具有个人意义的学科。

可是，在实践中，师生对于课程没有选择的权利，这便在很大程度上取消了学习的个人意义。面对"你别无选择"的课程,教师能做的,就是努力发现，培植学生学习的个人意义。

在小学生这里，情感因素往往决定了学习的状态和效果。

教师要做的是:第一，让课堂充满吸引力，让学生因爱课而爱教师，因喜欢教师而加倍喜欢他所授的课；第二，把握一切教育时机，尽其所能，与学生建立一对一的"个人关系"，作为持久而强大的场能，将个人威信与个人魅力转化为课程资源，为学生学习注入个人意义。

让我说个例子吧。学前班上，李旭冉因好动而出名。开学第一天的第一节课上，他几乎一刻不停地在座位上扭动、蹦跳。窗外的母亲看见了，急坏了。

一个学期下来，李旭冉改变很多。

语文课上，大家在做"基础训练"。巡视中，教师看见李旭冉皱着眉头，噘着小嘴，在那里苦苦思索——就在不久前，他还是遇到一点困难就旁若无人地大声嚷嚷："老师，老师，这题我不会！"

我走过去，挨着小耳朵轻轻地说："李旭冉,老师打断你一下好吗？"孩子看看我，眼神恍在梦境。"李旭冉啊，如果教室里有一面镜子，我就可以让你看见，你现在专心致志思索的样子，多么好看！老师太喜欢了。"

听见了这话，李旭冉无声地笑了，复低头陷入沉思；听见了这话，近旁的同学也笑了，复低头继续作业。

意义不是内在于课程之中，而是由学习着的个人赋予的。所以，比如何呈现课程内容更重要的，是引导学生从课程中获取个人体验。对于低年级学生而言，这种个人体验，主要应当是愉悦感、自豪感与成就感。

我的意思是：面对无可选择的教学内容，教师可以为学生营造的个人意义就是尽量让积极、温暖、亲切的感情，脉动于学生的学习过程。

四、通通透透的感觉

沿着历史发展的脉络，通过对西方哲学家和哲学流派的课程观的考察，透析哲学变迁与课程嬗变之间的关系，进而揭示哲学尤其是认识论在学校课程中的基础作用。

第三章，《课程与哲学》。第59页至79页，短短的大概20页，便把所要表达的阐述得清清爽爽、通通透透。

关于知识来源的哲学假设，关于什么是"最有价值的知识"，关于知识的形式与分类——从希腊圣哲到中世纪神学家，到庄严宣告"知识就是力量"的培根；从实用主义到逻辑实证主义到日常语言分析哲学到批判理论，这是西方哲学的演变一路，相与兴衰的，是课程观的嬗变一路。

各种课程理论的产生、发展、影响，当作者将其置于认识论的背景下考察时，读来多么益人心智。

"没有批判性的反思，任何学习都只是提供一些与学生不相干的、外在的信息。学科内容可能成为奴役而不是解放的手段。"批判理论的大家哈贝马斯如是说。

面对第三章，我的状态就是心甘情愿被奴役。谈什么"批判性的反思"，哲学与课程的关系，面对如此恢宏、深邃、悠久的话题，除了海绵似的被动汲取，我能做什么？

在以杜威为代表的实用主义者看来，任何知识都包含有行动的因素，甚至可以说，没有行动就不会有知识。反过来，知识也因为能指导行动而具有实用价值。

对我来说，第三章实在是"形而上"的玄学。

我还是认认真真读了两遍，而且自己以为懂了，自己觉得满足。这种滋味，我读《中国古代思想史》的时候曾经有过。"通通透透"的感觉真不错。虽然这些内容与我的实践相距万里，对我没有实际用处，估计以后很多章节也一样。

逻辑实证主义认为：一个命题，只有在经验上或者逻辑上能够得到证实时,才是有意义的。按照这个逻辑,日常生活中的许多表述都成了没有意义的伪命题。这样的结论,这样的"硬道理",其结局只如一个松软的雪团,融化在波一样旋生旋灭的日常语言的汪洋大海中,而且其中的若干漂亮浪花,涌自这些严峻的逻辑实证主义理论家的日常生活。还有艺术和宗教。所谓规范化的语言——数理逻辑化的符号系统(人工语言),对于艺术和宗教,无异于死刑宣判。当人的精神世界只剩下科学的时候,世界将多么可怕。

还是与之同出一源的日常语言分析哲学的观点更加切合人间实际:语言跟人们日常生活密切相关,不是人们可以随意创造的。理解一种语言的意义,就必须了解语言使用的语境。事实上不存在什么绝对的语言标准、意义标准,而只有相对的日常用法。语言只有在特定的情境、活动、目的或生活方式中才有意义。不仅每个人所使用的同样语词可能具有不同的意义,而且一个人前后所用的同样语词也未必保持同样的意义,所以,每一个人实际上都在使用自己的"私人语言"。

关于第三章,关于课程与课程观最根本的基础——哲学,我所能说的,就是以上这些的"私人语言"。想表达的意思是:"有用"固然重要,"通通透透"的感觉也很妙。对我而言,这种感觉,就是学习这一章的个人意义。

五、适中的进度与驱力

事实上,即便是成人,在某一特定时刻也只能加工数量有限的信息(7 ± 2)。如果超过这个数量,后面的信息挤进去了,前面的信息就被遗忘了,根本无法得到深加工(思维或认知重组)。所以,要是一味要求学生在短时间里获得大量信息,不给他们留有加工或思考的时间,不仅不利于他们吸收信息,而且还会导致他们养成不加思考机械记忆的习惯,进而对学习产生厌倦感。

拼音学习结束,"日有所诵"的6年计划开始实施。第一本是《新编儿歌365》,我要求孩子们每天背诵两首。周三的读书课统一检查。

起初读顺都难,后来越背越轻松。于是有孩子倚仗自己记性好,到了周一、周二才开始抢背。

"该慢的时候不能快。像这样的抢，背得快，忘得也快。不信过两天你再问问试试！"

家长回家再查，结果如我所料。

一天两首，不多不少，不急不慢。有那多出来的时间和能力，完全可以在教师监控之外的"另一本"上尽情挥洒。我是这样要求学生的。

也只有这种不多不少、不急不慢，才能记得牢，并在不知不觉中丰富滋养了孩子的语言。

雪刚停，太阳就出来了。张悦嫒说："太阳公公，赶快闭上你的眼睛，睡觉去吧，否则我就不喜欢你了！"然后，她告诉吃惊的亲戚："我是跟儿歌学的。"

那些自以为聪明的孩子，前面所背固然没有被后面所背"挤出来"，但短时间里塞进头脑的大量信息，他们没有时间玩味、吸收。

对于进入大脑的信息，小学生不大可能去主动反思。但是，在潜意识里，类似的过程还是在进行中。所以，在教学实践中，"只争朝夕"的结果，往往和下山掰玉米的小猴子一样。

所以，时间再紧，也要给孩子留足回味沉淀的时间——不是去练习、去复习、去巩固，而是让他们丢开学习材料，去玩、去疯、去放松。

刚摘下的柿子，必要"捂"些日子，才能透熟到蜜甜。这是一种特殊的生长过程，必须离开树体才能实现。

回忆自己当年的读书体验，都曾有过这种情况：一道题目当时怎么想都想不通，只好沮丧地丢开。可是，过几天回头看时，莫名其妙地豁然开朗了，而且很奇怪自己当时为什么那么笨。过去的两天，你并没有琢磨它——锲而不舍，往往求之不得。

所以，尽管课时紧张，每周一次的读书课，我们雷打不动；每周一次的音乐欣赏，我们雷打不动。前者是在不求甚解的漫游中拓展孩子的心智空间，后者是在高兴就行的沉醉中激活孩子的精神世界。

一个问题：教学任务如何完成？

脱水，挤干课堂教学的水分呗。比如能在课前做好的板书尽量课前做好，教学生字从不组词，不在二类字上耗费时间。有持之以恒、日见开阔高远的课外阅读做后盾，越往后，师生越是有恃无恐。因为我们把肥施在了根部，因为我们把鱼儿养在了大海。

可是，在可以提升思维和表达能力的地方，教师则不吝时间和精力。

学完了《小松树和大松树》。

"小松树、大松树还有风伯伯，你们喜欢谁啊？"

"我喜欢小松树，他以为自己站得高，就高兴，就骄傲。多可爱啊！我也喜欢站得高、看得远，我知道他为什么那么开心。"

"我喜欢小松树，他有什么就说什么，而且错了知道惭愧。"

"我喜欢大松树。听了小松树的话，他不跟小松树吵。哥哥让弟弟。"

"我喜欢风伯伯，他摸着小松树的头跟小松树讲道理。"

"我喜欢风伯伯，我想让他带我在天上飞。"

这样的思考和表达，使教学变单纯的传授为充满乐趣的迁移内化。你可以看到，即便是那"不参与"的孩子，他们聆听的状态，胜过听老师讲课。其实，这也是一种不动声色的参与。下一次，他们中就必定有人跃跃欲试了。张弛有度，缓急有致——不着急，当我用六年的时间度量、规划我的语文教学的时候，一切于我而言从容优裕。

此外，研究还表明，新习得的信息是否被组织起来，还取决于学生是否存在最佳动机状态。驱力太强（焦虑）或动机太弱，都会导致认知活动的具体性的增加，即只注意具体事物而不顾它们与其他事物的联系。只有适中的动机强度才会产生有利于迁移的一般学习的倾向。

那些抢记的孩子，属于"驱力太强"的一类。在他们那里，"认知活动的具体性"指向应付检查；但是，如果取消检查，单靠自觉和兴趣，"日有所诵"将难以为继。

还有，当学生学习表现倦怠的时候，教师面临着两难的选择：一味迁就，听之任之，会使学生的学习自觉性及意志力变得薄弱涣散；如果完全无视松懈的需要，又会使得学生因为过于疲劳而对学习失去兴趣。

这是一个分寸的问题，一切要看当时、当地、所在班级的情况而定。对学生的状态做出灵敏适当的反应，有时候，这种反应是看起来的"视而不见"。

所以，教育是一门精妙的艺术。

六、我的取向

把重点放在教材上，有利于考虑到各门学科知识的系统性，使教师与学生明确教与学的内容，从而使课堂教学工作有据可依。所以很多教育工作者不知不觉地采取这种取向。然而，把课程内容定义为教材，就会顺理成章地把课程内容看作是事先规定好了的东西。这意味着学科专家最清楚教师应该教些什么、学生应该学些什么。但是，正如杜威所指出的，即使是用最合逻辑的形式整理好的最科学的教材，如果以外加的和现成的形式提供出来，在它呈现到学生面前时，也失去了这种优点。对学生来说，学习内容是由外部力量规定他们必须接受的东西，而不是自己感兴趣的东西。……事实上，许多学生也不把教材看作是自己生活的必需，而是对教师和家长的一种对付。"读完—考完—忘完"，这是一些学生所经历的过程。这种情况很值得我们深刻反思。

关于课程内容的解释，"课程内容即教材"是一种传统取向。其弊端显而易见：只注重按学科体系传递知识，既轻视作为主体的学生的学习体验，也由学科专家取代教师决定该教什么、按怎样的顺序教。于是，教学成了对预先承载于教材之中的知识的传递，成了外在于师生生活的东西。

"许多学生也不把教材看作是自己生活的必需，而是对教师和家长的一种对付。"事实上，与之互为因果的另一面是：许多教师也不把教材看作是自己生活的必需，而是对家长和领导的一种对付。

试想，如果取消了中考、高考，教师的钻教材和抓教学还会这样激情澎湃吗？

反思是必须的。"课程内容即学习活动"即是反思成果。

然而，世上哪里有尽善尽美的事情。当 B 弥补了 A 的缺陷，A 的优势又成为 B 的缺陷，事实往往如此。课程内容的活动取向，将课程重点转移到学生身上，注重了可以观察到的外显的学生活动。但是，表面热闹却无法呈现学生是如何同化课程内容的，学生学习经验是如何发生的，教师也无从得知。

况且，对于具有一定深度的学习而言，表面热闹作为一种干扰和出离，恰是最不应该出现的状态。定能生慧，静纳百川。深入的、缜密的思考，只能在严肃与沉静中进行；真实的成长总是伴随与困难对决的艰难与疼痛。一味追求热闹，错把热闹当成功的情形，在所谓体现课程标准理念的"新课堂"里随处可见。这是游戏课堂，也是游戏学生。对此，"轻薄肤浅""背离学习本质"的批评，虽然微弱，但因其击中了现象背后的实情，迟早要被越来越多的人听见、关注。

反思的另一果实是"课程内容即学习经验"。

持这种观点的人认为：知识只能是"学"会的，而不是"教"会的。教育的基本手段是提供学习经验，而不是向学生展示的各种事物。教师的职责是要建构适合于学生能力与兴趣的各种情境，以便为每个学生提供有意义的经验。

这是与 A、B 都有不同的 C 取向。然而，其难以操作也是显而易见的。既然决定学习质量的是学生而不是教材；既然学生已有的认知结构的情感特征在实质上对课程起着支配作用，不存在抽象的、整体意义上的学生，只有具体的"这一个"和"那一个"学生。面对一个班级，教师如何了解每一个学生在特定环境下的心理体验？

由此看来，关于课程内容的三种取向，各有其优势和弊端。用静止、对立的态度看待它们都是不可取的。

普通教师，当教材——所有教师被动接受的"课程内容"——非我能择，当教学评估的方式与标准非我能择的时候，能做的是什么？

首先，我能做到的是：让教材成为自己生活的必需。好的文本就带领学生好好研习，也可以带领学生对一些文本进行质疑，在研习、质疑、甄别和说理中教书立人。这样，所有的文本学习，就都成了孩子的垫脚石。

至于学生，就语文而言，有广泛的课外阅读作为依托，则完全不必将教材当作生活的必需。然而，教师却必须让学生把上课作为他们生活的必需。否则，就是混饭和误人子弟。

七、一株歪枳

目标评价模式强调要用明确的、具体的行为方式来陈述目标。评价是为了找出实际结果与课程目标之间的差距，并可利用这种信息反馈作为修订课程计划或修改课程目标的依据。由于这一模式既便于操作又容易见效，所以在很长时间里在课程领域占主导地位。但由于它只关注预期的目标，忽视了其他方面的因素，因而遭到不少人的批评。

目的游离评价是斯克里文针对目标评价模式的弊病而提出来的。他认为，评价者应当注意的是课程计划的实际效应，而不是其预期效应，即原先确定的目标。在他看来，目标评价模式只考虑到预期效应，忽视了非预期的效应（或称为"副效应""第二效应"）。他注意到，有些课程计划以典型的方式来实现其目标，同时也带来了某些极为有害的副效应；有些课程计划在达到预期结果方面效果不佳，但也带来了重要的非预期的结果。所以，他断定，根据预定的目标来评价，不仅没有必要，而且很可能是有害的。因为这会使评价者受课程目标的限制，大大缩小评价的范围，从而削弱评价的意义。

之所以对"目的游离评价模式"情有独钟，是因为"目的游离"四字甚得我心。教学中的诸多所作所为，不待别人根据课标、教材、教参做评价，自己一开始，先将目的从"规定的"或者"达成共识的"那一点游离出去了，而且是有意识的。

一次统考结束，当同行称赞我们成绩好的时候，我说："分数算什么？分数不过是我们阅读思考的副产品而已。"

有人提倡阅读是为了提高成绩；我也要差强人意的分数，为的是掩护阅读。其实,当学生的阅读量和阅读品位上去了的时候,对付考试,真是"小菜一碟"。之所以说是"对付",是因为我从不屑于拿统考排名当目标。

相比很多同行的孜孜以求,我对待考试的态度,也是一种目的游离。所有的学习都在以个人方式进行。"目的游离",则是个人化学习的典型体现。那天我问:"喜欢语文还是喜欢数学?""都喜欢。但我更喜欢语文。"李德昊回答。

我笑了,以为男孩挺滑头,小小年纪就知道奉承教师——因为在班上,他的数学是最棒的。

"因为,"大约看出教师笑的意味,他接着说,"数学不管怎么算,都只有一个答案。别人说过了,你就不能再说,不能得表扬了。语文呢,有好多答案。别人回答过了,你还可以再想、再回答,还可以被老师表扬。"

原来如此!怪不得他的课堂发言总是后来居上、别具一格。原来吸引他的,是这种"不一样"的荣耀感,这便是语文学习对于他独特的个人意义。

相对于教师预先设定并努力实现的教学目标,这又何尝不是一种游离?然而,游离得多么美丽和富有个性。教学在这个孩子身上产生的负效应,又怎么可以用教学目的来做评价?

再说正在读的这一本书吧。作者辛勤劳作的目标在于:通过对课程的心理学、社会学和哲学基础的探讨,对课程目标、课程内容、课程实施、课程评价等整个编制过程的分析与反思,对课程理论体系和研究范式的思索,对课程一些基本问题的探讨,对课程的历史、现状的剖析以及对未来课程的展望,从而确立起一个比较完整的课程理论的框架。"从而确立起一个比较完整的课程理论的框架",这也是我开卷的目的。

然而,阅读这一路,却一再从"理论的框架"游离出来,驻足唠叨的内容,无一不是自己教学的体会。"重教学理论,轻课程理论",作者对于教师的判断,在我这里又一次得到证明——即便读着《课程理论——课程的基础、原理与问题》，所有新知内化和迁移的方向，依然坚定不移地指向教学实践。朋友以为艰深的这一本，之所以能读得津津有味，恰是因为我可以用自己的体会悟读之，歪解之，并且乐在其中；并且坚信，这对我甚为有益。

"挂靠""驱力""哲学假设""私人语言"……一个个新鲜的名词，恰如一颗颗种子，落到我的心里，由于水土不同，橘种破壳，长出一株株歪歪的枳。

对于作者的写作意图，对于自己的开卷初衷，这都是一种"目的游离"。然而，多么快乐。具有个人意义的学习，因之而发生。

八、游戏于目标和过程的夹缝之间

目标模式是一种有条理的、系统的课程编制过程。它把一般的、宽泛的目的分解成具体的行为目标，并根据这些行为目标来选择和组织课程内容，最后根据目标实现与否来评价课程的成败。

在我们这里，课程的编制、实施与评价，更接近于目标模式。而目标，则由"学生行为的表现"窄化为学习成绩，成绩再细化、量化为人均分、优秀率、及格率。

目标模式的优点是它的条理性和简易性。对于一些管理者而言，还有什么比平时不管不问，学期结束根据"三率"对师生进行褒贬更省事、更省心的"抓教学"呢？

所以在我看来，眼里只有"三率"的管理者，是最不具教育情怀、最不配从事教育管理的人。"不管白猫黑猫，逮住老鼠就是好猫。"在这种简单易行、蛮横凶霸的测评机制之下，教师必定爱心沦丧，只当学生是榨分机器。

以上是对"目标模式"不当运用造成的恶果的概括。

美国和英国的研究都表明，即使是适当地运用目标模式，至多也只是对那些最没有经验的教师有些好处；而对那些好教师来说，只会起到压抑他们抱负水平的作用。因为把目标作为衡量教学的标准，使标准形式化地预定下来，会削弱引导知识探究的教学。

就拿语文来说吧。我所认识的优秀同行，教学在他们那里，更多的是一种充满灵性，也就是不确定性的艺术活动。其灵感，更多来源于自身阅读和成长体验，而不是专业培训。虽然学生的成绩也好，可是他们最值得骄傲的成绩，是试卷无法测评的。比如学生的个性、情感、兴趣、态度等，而这些，才是最具有教育价值的东西。

这些最具有"教育价值的东西"，其养成与发展，不能依靠追逐目标。恰是对于目标的过度专注，牺牲了这些宝贵的个人品性，使学生成为单向度的、平面的人。

> 教育意味着一些有价值的活动，它们具有内在的价值，而不是达到别的目标的手段。所以，我们可以根据课程活动的内在价值标准，而非它们所导致的结果来评价它们。

支撑教师长期从事这一艰苦职业的，到底还是一些成就感。因为你面对的是活生生的一群人，当日有所获的感觉彻底丧失的时候，每天的清晨，教师哪有力气走进学校？

对那些随口报出学生成绩的同行，我很佩服。但我更喜欢的，是津津乐道于美丽故事和教育细节的诗意的家伙。对于我们这些人而言，教学不是带领学生朝向目标矢志不渝地挺进，教学在很大程度上是一种充满不确定性的摸索过程。影响并决定教学方案和策略的，不是既定目标，而是随时出现与变更的学生的需要，和自己长期形成的知识技能与教学风格。在教学中，我们更多关注的是学生和自己的感觉。我们的成就感，建立在日复一日的师生共同成长的过程中。无须外人给予，也无人可以剥夺。也许在斯滕豪斯眼里，我们更具"专业自主性"。

同意这样的观点：文学教学的实质就是使个人反应精细化，人文学科就是对大家普遍关心的人类问题的研究。每一个社会个体对这些问题都拥有保留自己观点、做出自己判断的权利。所以，"教学目标"不必定于一规。

这种重过程、轻目标的不确定性，并不妨碍我们成为称职的教师。"国家培养青年、少年、儿童在品德、智力、体质等方面全面发展。"这是宪法规定的。个人以为，工作结果最大限度接近这一宽泛目的的，恰是我们这些将价值蕴含于过程的人。

就说这本书吧。在我这里，一切知识不是外在于我的、必须接受的现成知识，而是随处可以激发思考的"有问题的知识"。每一种模式，每一种观点，正是因为其不够完美，所以才具有活生生的魅力。我可以根据自己的理念及需要，斟酌取舍，优劣得所，而这，正是过程模式的知识观。

斯滕豪斯让我觉得亲切和伟大之处在于，他将教师置于过程模式的核心地位。"没有教师的发展就没有课程编制。"斯滕豪斯致力于教师的专业自主性，在他的模式中，教师不再是现行政策和方案的被动的执行者，而是主动的反思者和实践者。

相比于目标模式的条理性和简易性，过程模式的缺陷是显而易见的。目标模式普遍适用的原因，在于从教者工作能力普遍较低。同理，以"教师即研究者"为前提条件的过程模式，在目前的条件下，还是一个很难实现的理想。

看来，过程模式还处于过程之中，还有待进一步发展和完善。

教学不是以具体目标为基础，而是以发现和研究为基础。生存于目标模式之中，追逐着过程模式的理想，游戏于夹缝之间，并且自得其乐，是"这个社会"和"这个人"决定了的，我别无选择。

第一块骨牌

——读《学校生活社会学》

引 子

朋友批评我的读书笔记:"尽说自己的事。"对此,我甚得意。

为自己"过分个体化"的写作再掉一次书袋。

"研究者",作者刘云杉如此自称。这让我想起写下《菊与刀》的鲁思·本尼迪克特,那人的口头禅是"社会学家"。刘氏抱负,可以想见。

记录和论述的过程中,作者往往情不自禁地跳到"前台"。于是,我们不仅读到了刘云杉的教育见解,还读到了刘云杉的心路历程。萧玲告诉我,很少有人这样写研究著作。

也许啊,"这一本"就此做了个轻松的引子。关于"教育社会学",我会就此一路读下去。如果那样的话,青葱可爱的这一部,当是倒下的第一块骨牌。推下它的,是机缘,更是我的福分。

这是刘云杉的《学校生活社会学》,读了施良方先生的《课程理论——课程的基础、原理与问题》之后读它,感觉真好。

一、"分化与综合"的误读

> 对于当今世界教育科学发展总趋势的认识,"新的综合"的观点似已成为主流……新的综合是以必要的分化为基础的,没有必要的分化,新的综合无从谈起。就我国的教育科学而言,由于许多分支学科都还处于初创阶段,没有足够的研究积累,因而尚难成为所谓的教育科学新的综合的有机成分。在这个意义上,当下我国教育科学发展的主要任务恰恰并不是进行所谓的新的综合,而是面对现实,克服浮躁的"综合风",对那些尚很粗糙、尚很稚嫩的分支学科进行扎扎实实的分化性研究。

（引自《学校生活社会学》，以下凡引此书，不再注明出处，只以仿宋体显示）

说这段话，吴康宁先生意在指出教育社会学分化性研究的重要性。想起一件事。

《小抄写员》一课有这样的作业——让学生表演故事结尾部分：深夜里，父亲满怀忏悔，把小小的叙利奥抱上床。那是一段催人泪下的文字。我们没有做——是我没有让学生做。

表演是严肃的事情。只有在轻松的场合，才可以进行不严肃的表演。然而，在《小抄写员》的课堂上，让没有受过训练、没有准备的孩子表演，其效果只能是让大家忍俊不禁，而那，恰是对语文、对师生内心感受的轻慢和亵渎。

2011年版的课标推行以来，"整合"之风盛行一时。"肥了人家园，荒了自家田"的惊呼应运而生。

之所以如此，恰是因为在实施"整合"的语文教师那里，作为"分支"的语文没有得到充分发展，没有成为充满活力的有机体，否则，语文将是一株枝繁叶茂、花艳果硕的大树，音乐、影像、表演、游戏……都将作为阳光、雨水和养分，使语文这棵大树更加茁壮繁茂。

比"整合"更重要的，是教师首先成为所任学科的"代言人"——站在台上，你就是数学或语文。然后，你才可能根据教学的需要，对一切可资利用的丰富多彩者从容取舍，物为我用。

就说刚刚掩卷的这一本吧。所以能读进去，恰是因为，作为一个语文教师，我把所任的学科研究得足够深入。在我这里，一切阅读皆关语文。相信一个够棒的数学教师、美术教师或者校长，必能从这一本——从一切书里，读到数学、读到美术、读到行政管理。当然，这是误读。然而正是这种创造性的、富于个性的误读，使学习具有"个人意义"，并从我们各自所在的生活世界丰富了原著的意义。

真理的存在需要两个人：一个说，一个听。真理的生长需要三个人：一个说，一个听，一个把听见的当种子播在心田。因为水土的不同，或枳或橘。"研究者"或许不以为谬？

二、严肃时刻 浪漫时刻

有没有这样的经验?小学的课堂中老师"跑题":老师丢开教科书信口开河时,最不专心的学生也竖起耳朵认真听起来。老师所讲并非学生预习过的教程上的内容,学生在此听到了意外的内容,这样的新鲜给他们启示。当丢开教科书的语言与逻辑时,教师已从设计好的"知识传授者"角色中逃出来,变成一个自言自语的发泄者或者一个有真诚交流欲望的表述者。学生听到了教师真实个人的语言或者是与日常生活内容有关的语言。在很多学生的回忆中,不是规定好的授课内容而是教师的"跑题"给他们深刻的印象。

相信,读了这段话,同行多会发出会心的笑。家长往往跟我学说孩子在饭桌上演讲的"课堂故事"——那些内容,多属"跑题"之列。

去年冬天,《中国教师报》记者曾来校采访,除了与我的同事、领导交流,还召集一些升入初中的学生座谈。

那是一年中最冷的日子,座谈地点就在隔壁的学前班。坐在办公室里,也能感受到那边的空气越来越炽烈。到后来,掌声、欢呼声、争先恐后的嚷嚷声一阵紧过一阵。

"怎么激动成这样?如果是我,就去听听了。"同事充满好奇地建议。

我没有动,内心感觉很复杂。从"一年级小弟弟小妹妹",到为痘痘而痛苦的青春少年——6年了,在"我们的"教室里,在"我们的"课堂上,他们这样激动、欢呼过多少次?大约没人能够记得清。现在,我是外人了;现在,即便我进去,也再没有旧时感觉。教师是弓,学生是箭,我已经尽力把他们送到了最远。

严冬的傍晚,天色渐渐黯黑了。一个多小时之后,记者和孩子们陆续出来。

我看见,所有的孩子,包括记者,一律脸色绯红,眼里闪着异样的光。

我迎上去。最先看见我的孙添,眼圈突然红了,接着是方思佩,接着是敦敦实实的江嘉辉。不约而同地,他们将我围起来。逐一拍着他们的肩，我对记者说："方思佩，假小子。能把检讨写成绘声绘色的古文白话小说，读得教室一片笑。张旭升，个人小结里，人家这样要求自己：'新的一年来到了，我真诚地希望自己消瘦下去、苗条起来。为此，我要坚持不懈地减肥、锻炼！请大家监督我、鼓励我！'孙添，有一次被摩托车撞了，我怪她没有揪住肇事者，你知道她的反应多么强烈吗？疼痛难当的孙添，一抹泪，朝我大吼：'如果他是人贩子，把我驮走卖了怎么办？'……"

一片笑中，师生仿佛回到往昔时光。学生散后，记者说："你猜猜，关于你，他们最难忘的是什么？""《卖火柴的小女孩》！——不对？我给他们读日记！——也不对？《世说新语》，情人节，愚人节？——也不对？"

"想象不到吧！他们告诉我，薛老师有两大心病，是别人不能问的：一是体重多少斤，一是近视多少度。他们告诉我，他们写作业的时候，你就读书，读到感动的地方就到教室后面哭。你还喜欢一边品茶一边读，学校不准老师在课堂上喝水，你就拿一摞本子挡住茶壶，对他们说：'同学们，这里什么也没有，你们什么也没看见。'他们齐呼：'没看见！'高兴了你就喊他们'孩儿们'；你很孝顺，每个周末都回家陪伴妈妈；你从来不让儿子吃独食……对不对？"当时的我，大为诧异。这是哪儿跟哪儿啊——什么孩子！

我明白了。现在我才想起来：我跟记者介绍他们的时候，如数家珍娓娓道来的，又有哪一件是和正经的教学、教育密切相关的？

如果换一个正式的场合，如果让我有准备地介绍，我必定要讲我们的团结、我们的友爱、我们的读书会、我们的"随便写"……

原来，在潜意识里，我们师生都喜欢"跑题"。

用"研究者"的话说，这种跑题，是制度化过程的中断，是控制中的无意失控，秩序中的无意脱序。这种时刻，往往成了师生难得的邂逅的浪漫。

然而，我想说的是：课堂是教学的主战场。一个在课堂教学的严肃时刻——尽管这种严肃，会因为教学的需要，表现得极为不严肃——

不能抓住学生的耳朵，赢得学生心灵的教师，是不值得敬重的。可能学生也喜欢他的跑题，但那不是浪漫，而是可怜的逃避，逃避因教师的无能而变得痛苦难挨的学习。

制度化的学习中，学生在严肃时刻里汲取知识、了解教师，也从跑题时刻所提供的机缘里，认识教师，获得启示——这种时刻，如一阵风，撩起悬在师生之间的制度化的隔纱，让学生看见了教师的另一面，更私人、也更真实的另一面。浪漫的感觉于是乎产生。

授课过分严谨，绝对清除闲话，其实是一种自我压抑，要不得，也不利于在师生之间培植类似于家人的亲情；过分频繁地"跑题"，是浪费学生的生命；"跑题"跑到低俗，则是放肆地制造语言垃圾，是对学生的一种侮辱。

怎么办？

缺乏理性、真诚和趣味的日子是不值得一过的。

我要尽量深地潜入生活，潜入自我，潜入学生和书籍里，让自己从最深的内里变得丰富灵动起来，这样，跑题和不跑题都会成为美丽的时刻。我期待的严肃时刻是教师用毕生学养和修为营造的富丽的宫殿；我所期待的浪漫时刻，是宫殿一角草长莺飞的后花园。

三、背离自我及生活的学习

制度化带来个人的匿名化。在制度化社会中，有着种种欲念与悲喜的活生生的个人逐渐丧失其在制度中的地位，不仅居于边缘，进而逐渐抽象化、匿名化，抽象的人格凸显出来，具体的、鲜活的、有殊异个性的人格隐匿了。

人不仅在物质生产中抽象化，而且也在人类生活的诸多方面抽象化。比如思维的抽象化、语言的抽象化与知识的客观化……人所对付的度与维都是些数字和抽象的东西，人生活在数字与抽象物之中，没有什么是具体的，也没有什么是真实的。

作为小学教师，作为启蒙者，我们的事业，就是在传播知识的同时，使学生的思维和感受日渐一日地离开确定的、具体的、属己的个体生活体验,日渐一日地社会化、匿名化。为此,我们软硬兼施、机关算尽。孩子在教师的引导下,付出艰辛,从一个单词、一个音节开始,积攒贮存他的"硬币",为的是兑换一个概念、一个观念,以此兑现既成世界的认同与接受。

这个积攒"硬币"、争取认同和接受的过程,就是所谓的成才之路。千万人已经走过,千万人正走着,前不见头,后不见尾,拥挤与竞争使得路上的孩子面目过早严峻,心肠过早坚硬。

对于每个具体而富有个性的人来说,这也是一个从内心到言行逐渐标准化、制度化的过程。在这一漫长的过程中,原本特殊的"你""我""他",目标高度统一,感受无关紧要。经过了无数的锤炼和筛选,当孩子终于合格,终于成才,如煞费苦心的教育者所愿,他真的就成了伟大事业里的一砖一瓦,尽职、忠实、谨慎、顽强、守纪律、有条理,却冷漠,自私,缺乏想象力、同情心及对他人感受的细腻体察。随着人工智能的发展,人们将越来越清楚地看见——人性,正越来越接近于机器性。如今,在现代化程度够高的许多领域,人连姓名也不需要了。"数字化生存方式",宣布了制度化、匿名化的彻底胜利。

性灵是人独有的禀赋,人之为人的一切痛苦和快乐皆源于此。当人越来越坚硬、越来越精明、越来越量化的时候,内心充满的只有物欲和地位。只求物欲的满足,只求足可夸耀的社会地位,像雄猴为称王而竭力厮杀,人在向着机器的方向"进化"的同时,也大踏步地朝着动物的方向退化。

幸与不幸,已经没有讨论的价值。因为我们无路可退,无处可逃。

> 我们无法选择问题,我们无法选择我们的产品;我们被推着前进——被什么力量?一种制度,一种任何目标及目的都无法超越的制度,这种制度使人成了附庸物。
>
> 人从确定的地方放逐出来,在那确定的地方,他可以综观并把握他的人生以及社会生活。某种力量驱赶他,使他越动越快,而这种力量最初则是他创造出来的。在这疯狂的漩涡中,他思考,

盘算，为抽象东西忙碌，愈来愈远离具体的生活。

（E.弗罗姆《健全的社会》）

小学教师，只要稍稍留意，就可以清楚看见孩子们是如何被"从确定的地方放逐出来"，"越来越远离具体的生活"的。有这样一道阅读题，两段文字分别对春雨和夏雨进行了描述。前者"柔和，温暖，像牛毛，像绣花针"，后者"狂暴，挟着大风和雷电"。问题是："春雨和夏雨有什么不同？"

成绩优秀的孩子，往往比别人多受了做题的训练，他们迅速从文中找到定论，也即"标准答案"。成绩一般、训练较少、暂时没有获得捞分能力的孩子呢，则兀自坐在那里傻傻地想。于是，教师读到："春雨下过，桃花开了；夏天的雨下过，荷花开了。""春天的雨一下就是好几天；夏天的雨，说下就下。有时候，还能一边出太阳一边下。""春天的雨淋在身上好难受，夏天的雨浇在身上好凉快，好爽！"

交来标准答案的孩子，其面目已经开始模糊。那些不合标准的答案，则让你仿佛看见写出它的那个人，他就站在纸上，正欢蹦乱跳、抓耳挠腮呢！因为它们来自确定的地点，来自"这个"孩子青葱的生活体验。它和孩子所拥有的生活世界本身一样清新美好。

这样的答案让我激赏不已。可是我不知道，如果是流水阅卷的统考，他们是否能得到审判官的青睐。在漫长的学习过程中，在分数，也即身为学生的最大利益的诱惑和压迫之下，儿童心灵世界里的鲜花、阳光和凉爽，还能维持多久？我实在不敢乐观。

"我们一边写生字，一边听音乐。"

"语文课上，我最喜欢听《平沙落雁》。"

这是我的学生造的句子。不用说，统考中，他们必定被判错——因为它不符合制度化学习中的常规。可是，我们的语文课就是这样上的。

等他们再长大一点，我就要告诉他们：为了得分，在怎样的考试中可以实话实说；在怎样的考试中，必须揣摩阅卷教师的心思。这样做的时候，我万分痛苦，觉得自己十分卑俗——然而，怎么办？

大部分的学都是教的结果，即学习的内容为所教授的内容，学习的结果即为教育的结果,将学习完全限制在有计划的教学内容中,学习被化约为教学。学习贯穿于个体生命的全部历程,遍布其生活的各个领域,但在制度化的学校中,学习却不再是一种自然生发于日常生活点点滴滴的亲历性经验的积累。

"儿童散学归来早,忙趁东风放纸鸢。"

自信满满地,一年级的李德昊解释道:"今天,天气晴朗,风不大不小。小朋友作业完成得都很好,没有一个人被老师留下来。一放学他们就回家了。一放下书包,他们就去放风筝了。"

在孩子那里,古代儿童和自己没有时空的界隔;在孩子那里,一切的阅读都是读自己,一切的表达都是表达自己——艺术大家煞费苦心寻觅到的鉴赏与创作的真谛,其实在我们每个人出生的时候,就被赐予了。它根植于"我",根植于"我的生活",是一种无可抗拒的力量,使我们背弃了它。

高考在即,为应付鉴赏试题,儿子临时抱佛脚,没事就翻《唐诗鉴赏辞典》。他在用别人的语言,去兑换别人的认可。

现在的中学生,还有几个能从唐诗宋词里读到自己?即便能,做母亲的我,也不敢让他在高考里秉笔直书。

我说:"考试不同于创作,自由不在这里。先谋生存,再求生活吧。"

对于大多数人来说,就是在这样的为生存而战的过程中,自由的欲望、个体的价值、内心的敏感逐渐消失了。就像一个武士,终年戴着铁甲搏杀,铁甲必将渗入他的本身。纵使他卸了甲,纵使他在笑,别人也会觉得有坚硬可怖的气息,从他的骨头里发射出来,让人不寒而栗。

四、多面的真诚　丰富的人生

制度内的生活不可避免地带有高度区隔化的特征。人的生活场景严格区分,不同的场景要求扮演不同的角色,这正如好的演员应该根据自己所处的舞台来调整自己的角色内涵,以适应所处的舞台一样;一个成熟的人应能在不同角色之间自然转化。

作为高二年级班长,颖在校内校外的表现判若两人。一个循规蹈矩,是严格要求自己的模范学生;一个放纵时尚,俨然是轻浮的社会青年。同学们对颖褒贬不一,有人说她是"假正经",也有人认为这是适应能力强的表现。

"说老实话,办老实事,做老实人。"从小,我们就被灌输这样的思想。言行一致,表里如一。"老师在和不在一个样。""校内做个好学生,校外做个好公民。"当了教师的我们,又这样教育学生。

什么叫"好"?教师在道德方面大多是比较保守的,即便时代发展到了今天,像颖那样吹口哨,穿新潮衣服,与男生骑着车子疯跑,大约也是不被教师赞同的。

颖知道,所以,校内校外,她以两副面貌呈现。

在很多教师那里,对"两面派"的评价,往往比彻头彻尾的调皮鬼还低。面对这样的学生,教师感到难以琢磨、无法操纵,怀有着深刻的戒备之心和不安全感。

尽管表面上和各类人都能成为朋友,其实颖的内心十分孤独,她缺乏真正的知己——颖多变的面具,不能给人带来恒定感。

> 前一类学生将前台规定的角色认同于人的本我,并将此角色的规范(校园中的好学生)推移到社会的各种场景之中,或者说在此类学生的认识框架之中,尚无对场景的分化,也无角色概念,认为所呈现出来的均为真实的"自我",所以在任何场景场合中都应言行一致,是什么样就是什么样,否则就是作假与虚伪……制度化所带来的区隔化及相应的生存策略受到既有情感秩序的非难。后一种评价在一定程度上认可了区隔化,不同生活场景的区别以及相应角色的不同内涵与规范。

六年级时,方思佩是我们班的班长。学校规定学生不许到其他班级串门,为此,还让各班排了值日专司监察。一次,方思佩到隔壁找朋友玩,值日班长认为她进教室了,驱赶着,伸手就推。自以为"只是站在门口,并未进得教室"的方思佩"大有受辱之感,岂肯善罢甘休!

说时迟，那时快，以迅雷不及掩耳之势出拳便打。斯斯文文的盛守文，哪里是咱的对手。三两回合之后，门面上便挂了彩——落荒而去"。（方思佩检讨二稿）

事情结果是不言而喻的，虽然我认为，纠纷的真实起因是学校的荒唐规定和师生对此规定的忠实执行。但我还是让方思佩在两班分别检讨。

一班班主任告诉我："方思佩检讨写得那叫好！不仅深刻检讨了自己的错误，最后，还真诚地希望两班同学不要因为她的过失而伤害感情，希望大家一如既往地团结友爱，互相帮助。满堂彩啊！这哪里是检讨，简直就是讲演——这孩子，太老到。"

"这孩子，太老到。"我不知道，这样的评价是否有言外之意。

次日的检讨，是全然不同的新版本。方思佩是二年级便读了少儿版《红楼梦》的，刚刚学完的《景阳冈》和《猴王出世》无疑撩起了她的文字表现欲。二稿中，她把前番检讨的"光荣经历"及归来所受的隆重礼遇都写了进去："一回教室，姐妹便围将上来。孙添喋喋不休地嘘痛问痒，严丹妮递上早就准备好的巧克力。耳边萦绕着亲切的问候，口里嚼着美味的糖果，某的心里深感集体之温暖！某对自己言道：'从今而后，定要好好回报大家！再也不能如此这般，为团队抹黑了！'"

又是一个满堂彩。

我也绷不住笑出了声。我知道，使得方思佩如此舒展和不辞辛苦地长篇大论的，恰是长期以来存在于"我们二班"的"家的味道"。

两次检讨，两个场合，方思佩呈现了不同层面的真实——无所谓虚伪与作假。人生活在一个多层次、多侧面的世界。制度化正使社会区隔日见细化，需要个体能随场景变化做出丰富细腻的反应。真正表里如一、只有一副面孔的人，不仅是到处吃不开的，也是单调乏味、了无生趣的。

从外在需要看，能根据场景变换扮演不同角色，是一种生存策略；从内在感受看，这又何尝不是穿行于不同生活界面，使得生命体验丰富多彩的一种游历？

当然,"舞台"也可以是在公共领域之外。有身份的庄严之人,回到家人或者好友的中间,大多是另一副面孔;有些人在具体事务中是一种状态,在文字里又是另一种状态。

我曾听过大意如此的一段话:一个艺术家,即便他在现实生活中是一个无赖和抢劫犯,只要他创作出了完美的作品,那么在他进行创作的时候,他的精神就是纯洁的。纯洁高于善良,纯洁比善良更接近于神圣。

我懂得这段话的意思,并为这种"懂得"而自得。这种阅读、懂得以及表达,使我在文字和思维的世界里尽情跳跃,使我将属己的悲喜洒落其间的另一个舞台。尽管看见的人很少,可我一直在为自己喝彩。

回归之路

——读《童年的秘密》

一、双重本性

很早以前,人就被认为具有双重本性。第一种本性是人在创造之初被赋予的;第二种本性意味着人最初的罪恶,即违背了规律而产生的结果。在这之后,人就像一只船漫无目的地到处漂流,受环境和心理幻觉的支配。

蒙台梭利对于人类的贡献在于:拂开历史沉积的误解,拂开由成人的愚昧和罪恶织成的假象,透过"第二重本性"的遮掩,发现童年的秘密,看见儿童真实美好的天性,从而改造社会环境,帮助儿童顺利实现正常化,这是朝向伊甸园的虔诚追寻——这是一条永无止境的回归之路、幸福之路。

玛丽亚·蒙台梭利(1870—1952),先学工科,后改学医学,是意大利第一位女医学博士。1907年1月6日,她创办第一所"儿童之家",开始了闻名世界的教育实验活动,并对当代幼儿教育的改革和发展产生了极为重要的影响。

第一所"儿童之家",招收的是3到6岁的正常儿童。当时的蒙台梭利及其助手一无所有,把孩子委托给她照管的那些父母,几乎都是穷苦的文盲。把这五十多名衣衫褴褛、胆怯、沮丧的儿童招集并管理起来的最初目的,只是为了不让他们弄脏公寓的墙壁或者产生令人烦恼的混乱。

也就是说,蒙台梭利最初的学生或研究对象,是被成人世界驱逐的一群弃儿。社会、家庭嫌恶他们,唯愿他们不要打扰自己,在看不见的角落里悄悄长大,然后,作为现成的、有用的人,进入紧张忙碌的社会。

因此,第一所"儿童之家",并不是真正的学校:儿童和老师没有桌子;没有办公室或者一个住家应有的设备;教师是一位受过良好教育的年轻妇女,她没有教师应当具备的专业职能,也就没有教师通常所有的偏见。对她,蒙台梭利没有任何约束,也没有强加任何特殊的责任,仅是要求她指导孩子使用感性材料来进行工作。对教师来说,这是轻松有趣的事情。

物质高度匮乏;环境高度宽松;蒙台梭利是研究儿童心智发展的专家;教师有足够的耐心和爱心却没有教学任务,可以从容不迫地和蒙台梭利一起观察、探究;"师生"远离了"正规学校"对儿童和教师的禁锢与扭曲——这是偶然得之、堪称纯净的实验环境,在这接近自然状态的研究环境里,蒙台梭利和她的助手,一点一点发现了童年的秘密,觅到了长期以来横遭误解的儿童天性。

当"儿童之家"最终遍布世界的时候,蒙台梭利回忆到,她就像愚蠢的阿拉丁一样,手里拿着一把钥匙,但却不知道这就是打开隐藏珍宝大门的钥匙。

作为一位幼儿教育家,蒙台梭利在长期的教育实验活动中,收集了许多生动具体的例子。认真的观察和深入的思考使她得出一个重要结论:童年时期是人生中一个最重要的时期。除了生理的发展之外,幼儿心理的发展更需要得到重视。因为幼儿正是通过自己的努力形成了个性,在某种意义上说,他成为他自己的创造者——"儿童是成人之父"。

总的来说,这本书文字朴素、叙述平实,偶有动情之处,也是有节制地表达。这便赋予了《童年的秘密》以特有的科研味道,这是它吸引我的重要原因。

心理分析的一个惊人发现,就是精神病可能起源于婴儿期。从潜意识中所唤起的一些被遗忘的事情表明,儿童是尚未被认识到的痛苦遭遇的牺牲品。这个发现令世人难以平静,因为这和他们从前的想法完全不同。

人类心理的探究还没有书写出来,因为在蒙台梭利之前,还没有一个人如此客观、细致地描述过儿童成长所遇到的障碍。童年的秘密，其实就是人类精神的秘密——儿童正常化所遇到的困难，正是人类进步遇到的困难。

蒙台梭利认为，儿童研究不仅要把儿童作为一个肉体的存在，更要作为一个精神的存在，从而给人类的发展提供强劲有力的刺激。所以，蒙台梭利坚信：在儿童心灵里，我们也许可以发现人类进步的秘密，也许它还可能引导人类进入一种新的文明。

探究童年的秘密，蒙台梭利走的是一条溯源之路，一条回归之路。作为一个希望事业有成的教育者也好，作为一个稀里糊涂长大的成人也好，读读她的一路见闻，不仅对我们的工作有所帮助，而且对于我们理解自己、解放自己，也很有帮助。

二、敏感期　敏感性

荷兰科学家德弗里斯在一些动物的生活中发现了敏感期的存在。

幼虫必须吃嫩叶，蝴蝶就把卵产在靠近树干的树枝的角落，那里既安全又隐蔽。当幼虫刚刚钻出外壳的时候，是什么东西告诉幼虫它们必需的嫩芽可以在树梢找到呢？是光线！幼虫对于光线特别敏感，光线吸引着它，以一种不可阻挡的力量召唤它、命令它——沿着树枝蠕动前行，直到树木最高的地方，直到找到这一时期它必需的食物。令人惊讶的是，当蝴蝶幼虫长到可以吃其他食物的时候，它对光线的敏感性就失去了。

受德弗里斯启发，蒙台梭利在观察儿童的学习、工作、游戏、生活的过程中，第一次发现了幼儿的敏感期，并且把它运用于教育工作中。

蒙台梭利发现，服从不可违背的天性，处于敏感期的儿童内部具有生机勃勃的动力，这一时期的儿童会以一种特别强烈的方式与外部世界发生关系。当环境适合的时候，成长，或者向着高一阶段的发展将变得热切、容易和充满活力。在这一过程中，孩子兴致勃勃、全力以赴。每一次努力的结果都是力量的增加，每一次热忱的付出都迎来更充沛的热情。一股激情接着一股激情，一种征服接着一种征服。生命的火焰熊熊燃烧,却没有耗竭的迹象——儿童就是这样,实现着成长;人就是这样,创造了自己。

内在敏感性决定着儿童从一个复杂却又适宜其生长的环境中选择他所必要的东西;内在敏感性使儿童对某些东西产生敏感,对其他东西却漠不关心,就像有一道来源神秘的光线,照在一些东西上,其他东西却处于黑暗当中。在这一特殊时期,这些被照亮的东西,就构成了他的整个世界。他从中汲取,形成特定的能力、品性和素质。

婴儿学习说话就表现出这种情况。

开始,环境中的那些声音是杂乱无序的,如同灰蒙蒙的大海。突然,婴儿的心灵听见了一种清晰的、富有魅力的声音,有一座明亮的岛屿浮出海面,以明媚的风光吸引着孩子的全部身心,那是人在说话。

其实,人一直都在说,但只有到了这个时候,这种特别的声音在婴儿尚无思考能力的心灵听来,才如同音乐响彻世界,震撼、吸引、召唤着婴儿。于是,婴儿的力量被激发出来,他的耳朵在努力地捕捉、分辨;原来仅仅用于吮吸的唇舌有了新的运动。因为一种神圣的力量,因为一种无法表达的快乐与冲动,他以成人难以企及的状态,忘我地、忘情地倾听、汲取、模仿、学习、组合、创造……一个音节,又一个音节;一个词语,又一个词语;一句话,又一句话。于是他学会了回答、提问、反驳、请求、申诉、抗议、辩论、陈述……他拥有了表达自己的能力。

作为肉体存在的婴儿,从物质的世界里吸取养料,一天天长大并强壮。同时,作为精神胚胎的婴儿,也从精神的世界寻觅营养,朝着"实体化"方向,迈出坚实有力的步伐——儿童就是这样,实现着成长;人就是这样,创造了自己。

相反的情况是令人痛惜的。

当外部环境反对正在秘密起作用的内在本能的时候,儿童的心理将失调并发生畸变。如果处于敏感期的婴儿不能受到敏感性的正常指导,那么他就失去了一次自然成长的机会,而且永远失去了这次机会。

当一些东西在环境中阻碍儿童内在本能发挥作用的时候,敏感期的存在是通过一些激烈的反应表现出来的。这种无因的绝望，通常被认为是"任性"和"发脾气"——"发脾气"表示一种内在的障碍、一种需要没有得到满足时的心理紧张状态。儿童的哭喊与焦灼不安，是他在为急需的东西而大声疾呼。婴儿的第一次"发脾气"也就是他心理上的第一次生病。

关于敏感性、敏感期，关于成长关键阶段的机不可失，我想再说一个例子。

在七、八年级，苏霍姆林斯基看到一些学生基本没有解题能力，在那里痛苦无望地挨过一课又一课、一天又一天。经过观察，他发现，这些高年级学生真正缺乏的，不是学习数学、物理、生物的具体本领，而是阅读理解能力。于是，苏霍姆林斯基当这些七、八年级的学生是一、二年级的小孩子，从头开始，培养他们的阅读能力。

事实的结局让苏霍姆林斯基震惊万分：同样的时间过去，同样的努力付出，大孩子的阅读水平的提高远远不如小孩子；大孩子的阅读热情及感悟能力也远远不如小孩子。好像他们大脑里主管阅读理解的那一部分功能已经萎缩。教师的劳动好比播出的种子，小孩子是一片疏松的热土，大孩子却是一片板结的硬地。

于是苏霍姆林斯基感叹：原来，阅读能力的获得与增长，与人脑的生理解剖发育过程密切相关。同一个符号世界，在小孩子眼中明亮、美丽、新鲜，在大孩子那里却是一片遥远的模糊，只因为，也曾经照临文字的神奇之光，没有人帮助他们好好把握，他们没能沿着光所指引的方向前行。

人误地一季，地误人一年。很多事情，错过了就永远错过了。

三、秩序

内心深处，我们都希望有这样一个环境：在那里，我们闭着眼睛也可以到处走动，仅仅伸手就能拿到需要的东西。对于平静而幸福的人生而言，这是必不可少的。无论外界多么凶险，无论奋斗多么疲倦，我们都可以在这里找到安全、舒适、踏实、自由的感觉，就像神话中的可以随时偎在大地的胸怀。

这种环境的基石是定位，是物件的井井有条。这种环境的升华是和谐，是人群中的每一个各安其位，大家快乐有序地生活在一起。然而我们竟不知道：同样的感觉，弱小的儿童比我们更为迫切地需要。

蒙台梭利之前，几乎所有的人都认为：儿童天生是杂乱无序的。

这一致命的误解造成两个结局：一方面，是自以为热爱秩序的成人把儿童看作混乱的根源，避之犹恐不及；另一方面，是自以为了解儿童的教师没有认识到在孩子当中建立秩序，恰是对儿童天性的回归与尊重。

因之，表面看来源于儿童的无序状态就成为横亘在成人和儿童之间的天堑，成人和儿童站在天堑的两边，一起忍受着混乱带来的痛苦。儿童不知道自己身上藏着的巨大秘密，不知道追究成人的责任；成人对儿童或抱怨或容忍，却不知道儿童真正的需要是什么，自己真正该做的是什么。

蒙台梭利发现：最幼小的儿童的一个显著特点就是对秩序的热爱。1岁半或者2岁的儿童能清楚地指明一些东西，他们需要自己周围的环境是井然有序的。这种对秩序的热爱和依赖，远远胜过主妇对整洁的偏好，达到了生死攸关的地步——婴儿不能在杂乱的环境中生活，在那种地方，他烦躁不安，他绝望地哭喊，甚至会用生病来表达痛苦和焦虑。

然而，这种内在的需要却无人了解。长大一些，他对于环境的敏感性就消失了，但他在敏感期所承受的轻视与伤害，却作为最隐蔽的伤痛，长久地留在了心灵的深处。混乱和无序，恰是病痛复发的表现。

那些抱怨孩子难以约束的父母，他们做梦也想不到：不驯的孩子自己也是痛苦的，因为他们的内心与环境总是处于冲突之中，而这种痛苦，正源于幼年时期所受的创伤。自然规律通过孩子的任性和放纵，报复成人对自己的违背。

在敏感期，当特殊的光亮照临幼儿，以神秘的语言告诉他们："秩序就是东西放在规定的地方；在缺乏秩序的环境里，你无法生活。"当他们需要在光线的指引下，慢慢爬升，获得稳定的秩序感，成人却没有为他提供攀登的树干。成人，像一个败家子儿，粗暴地糟蹋了儿童从上帝那里带来的高贵品行的种子，却反过来抱怨儿童不服管教。

在"儿童之家"，蒙台梭利看到一个2岁的孩子会以平静主动的方式表达他对秩序的热爱：任何东西摆错了位置，小孩子会热切地将它归于原位。这样做是出于内在需要，因为零乱给他带来不安的信号；对他来说，这是难以忍受的刺激。每一个母亲大约都可以回忆起：把东西摆放整齐，这样的工作给孩子带来了安宁与快乐。

自然赋予儿童对秩序的内在敏感性，这种敏感性得到了满足，儿童就能在关键时期学会适应环境、理解环境、在环境中确认自己的位置。

先是在熟悉的生活环境中确认物件和自己的位置，安适地生活在里面，然后在社会环境中寻找、确认自己的位置——这是拥有愉悦人生的前提。

记住物件的位置，是儿童了解事物之间关系的第一步。这种本能是自然赐予的"指南针"，依靠并发展这种内在的本能，只要环境适宜，孩子就能像一条船，挣出风雪雨雾的困扰，朝着确定的方向勇敢前进、成长，从而拥有适应世界、调整自己的能力。

人的心灵的力量不是凭空得来的，是儿童在他的敏感期所打下的基础上发展起来的。错过敏感期，秩序感没有获得正常发展的孩子，是世上的迷路之人，他们给别人带来混乱，也给自己制造痛苦。

值得庆幸的是：在处于发展过程中的生物身上，敏感性是具有周期性的。在蒙台梭利看来，这是儿童一次又一次地原谅了成人的傲慢与愚昧，等待着成人知道他们的需要，伸出手来帮助他们，为他们营造适宜的生活环境，真正理解他们，由共同的喜好做连接，真正快乐地生活在一起。

作为教师，个人以为：一年级是帮助孩子恢复、建立秩序感的关键时期。

"看云，你怎么看待纪律和秩序的差别？"

那天的电话里，萧玲问我。《学秩序的孩子们》是她的博士论文；

《心平气和的一年级》则真实地记录了我们师生从最初的混乱中建立秩序的艰辛历程——是共同的兴趣把我俩联结到一起。这时候,我才想起:《心平气和的一年级》洋洋洒洒十几万字,几乎包罗了一年级学生学校生活的各个方面,秩序在其中举足轻重,然而通篇,我没有一次提到"纪律"。

这当然不是巧合。

我说:"生成秩序,是尊重学生曾遭遮蔽的天性,是服从于孩子个人的、内在的需要;强调纪律则意味着为了班级,为了一个外在于孩子的高高在上的目的,逼迫他们服从规范。两者的价值取向存在巨大差异。我很骄傲,在读蒙台梭利之前,我就知道了这一点。"

"或者可以这样说,正是这种潜在的一致性,使你喜欢并认同了蒙台梭利的教育思想。"

四、工作本能

花枝被人折了,在风雨中凋零,可是花朵仍要执着地开放。

蜜被人取了,蜜蜂多半不能自己享用,可是蜂儿仍在孜孜不倦地劳动。

世间生物都在产出多于它们自身所需的东西,结果造成一种剩余——那远远超出自身需要的产品,便造成了地球的繁富和生物圈的欣欣向荣。这是自然赋予生命的内在本能,是一种伟大的天赋,人作为自然之子,不可能不拥有这种本能,这种伟大的天赋。

直到今天,还有很多人以为游戏是童年最重要的事情,玩具必不可少,甚至是多多益善的,游戏和玩具构成了儿童的幸福世界。尽管成人看见儿童很快就厌倦已有的玩具,把它们弄坏;尽管成人明白那些不断更新、不断被丢弃的玩具,每样只能暂时拴住儿童的心,但很少有父母会思考:这种周而复始、此起彼伏、短暂的旋生旋灭的乐趣,到底能为孩子的成长提供怎样的帮助?

蒙台梭利认为:可以促使儿童正常发展的是这样的活动——它使儿童身心与外界现实密切联系。只有当儿童专注于将他与外界现实密切联系起来的活动的时候，儿童的正常发展才能发生。

玩具使儿童的理解力在现实中失去了方向。儿童是富于幻想的，玩具吸引儿童的优势恰在于为儿童提供了与现实脱节的幻境——而幻觉绝不能使儿童的精神力量获得实质性的增长，不能培养儿童全神贯注的品性。玩具所激起的儿童活动的兴趣，就像隐藏在余烬之下的微火冒出来的烟雾。这种火焰将迅速熄灭，玩具很快遭厌弃。

"神游"——对于过分依赖玩具的儿童，蒙台梭利用这个词形容他们的心理状态。意思就是他们被玩具支配，在现实环境中缺乏动力。可惜的是，他们的任性和无序往往被误认为天真活泼。

由玩具和游戏培养出来的反常的想象力，其实是儿童逃避现实的武器，是发展滞后的表现。他们的注意力从一个玩具转到另一个玩具，没有片刻留恋，他们的运动没有目的，缺乏对安静和秩序的热爱。也就是说，他们在环境中找不到自己的位置，找不到值得倾注热忱与体力的"正事"；他们不断地要又不断地抛弃，总是盯着别人有什么东西，像一群羊似的互相跟来跟去。

有趣的是，洛克也反对在玩具上满足儿童的要求。他认为玩具消磨儿童的意志，培养儿童的贪婪，毁了成长中的绅士。如果实在需要，一把钥匙、一根小棒也能给他带来充分的乐趣——严峻的先生如是说。

那么，儿童最需要的是什么呢？是工作。

游戏、玩具在儿童生活中的位置，应当和郊游、桥牌在成人生活中的位置相当，执有这种观点，才是对儿童真正的理解和尊重。工作是人的内在需要，工作是使人获得平静与满足的重要源泉，对此，成人很容易理解。工作是儿童健康成长的原则，不工作就不可能形成个性，这是蒙台梭利向世人揭示的一个重大秘密。

儿童需要有事可做，"能做事"使他获得能力、尊严、成就感和自我意识。这类崇高的感觉一旦获得，必将产生强大的内在力量，引领着儿童不断向高处上升。就像牙齿长出了一颗，必定会长出第二颗、第三颗。

"儿童之家"有很多奇妙的玩具，但是没有一个儿童愿意选择它们。

蒙台梭利曾把那些有趣的玩具演示给孩子们看，孩子们只表现出片刻的兴趣，然后就各自走开了。

因此蒙台梭利认识到：在儿童生活中，玩玩具只是很小的部分，只有当没有更好的事情去做的时候，儿童才去玩。

儿童不断地从一个较低的阶段发展到一个较高的阶段，他的每一分钟都是极其宝贵的。儿童不断地成长，受本能的指导，他迷恋于对其成长有帮助的每一件事情，而对休闲不感兴趣。

在"儿童之家"，儿童会不约而同地选择某些同类的教具，以至于有些教具很少被注意到，积满了灰尘。这样的观察结果使蒙台梭利认识到：教具不仅应当井然有序，而且应当适应儿童的内在需要。为了更好地激发儿童兴趣，使他们专心致志，一要消除教具的混乱状态，二要去掉不必要的教具。

井然有序和清除不必要的东西，这是遍布全球的"儿童之家"的共同特点。看看我们的小学教室，往往花团锦簇，这是否符合儿童成长的内在需要呢？

儿童发自内心地崇拜成人，乐于服从、模仿成人，发自内心地想替自己、帮成人做事情。回忆一下，"慈爱的父母"和"任性的孩子"，他们之间为此发生过多少"爱的冲突"？很多时候，父母宁可孩子抱着玩具远远离开自己，一边玩去。

为什么成人不能理解儿童对工作的需要呢？也许，在成人的社会里，由于贪婪、自私、竞争、懒惰、剥削……人生来固有的工作本能已经退化——成人的心理已被占有欲、权力欲、冷漠感、厌倦感引入歧途。

现实生活中，成人的工作多是强制性的劳动，是谋生的手段，工作往往是艰辛繁重和令人厌恶的。现实生活中，已经很少有人能从工作本身得到新鲜的快乐了。

那些仍然认为工作富有魅力且不可抗拒的人，是未遭异化的幸福的家伙。在人群中，他们显得如此非凡、强健和富有朝气。他们兴致勃勃，他们阳光灿烂，他们看起来像是永远不会老去的孩子。这种工作和心理状态，才是人类文明进步的源泉，才是世界充满生机的原因。

这股纯净神圣的源泉，涌自创造之初，涌自未遭阻碍和曲解的童年。

蒙台梭利认为，儿童是成人之父。

五、不同的工作　不同的节奏

一个大约 3 岁的小女孩不断地把一系列圆柱体放进孔里，然后取出来。这些圆柱体大小不同，就像软木塞一样。

一遍又一遍，小女孩不知疲倦地重复一样的练习，这让蒙台梭利感到惊讶。她试图干扰孩子，想看看孩子的专心能达到什么程度。蒙台梭利先是让教师带着其他孩子在小女孩身边唱歌、走动，然后把孩子连同椅子一起放到自己的膝盖上，孩子仍在工作，重复了 42 次，最后才停下来。仿佛梦中刚醒，她甜蜜而满足地微笑着，眼睛炯炯有神地环顾四周。

是这样的工作，使孩子学会了专心致志，学会了双手协调而有节奏的运动。孩子每经历一次这样的体验，他们就像经过休整的人，内部充满活力，精神世界变得稳定、清新和健康。

蒙台梭利指出，重复练习，这是儿童工作的专门特征。

有一个儿童，他的注意力最初只能维持极短的时间，后来他对"数棒"的兴趣，引导他摆脱了这种紊乱状态。整整一个星期，孩子连续不断地玩这个教具，学会了数数和做简单的加减法。然后，他又开始选用其他教具进行工作，变得对各种教具都感兴趣。

这种活动要求受心理指导的手的运动专注于一项简单的工作上，是真正的儿童工作。一个儿童欣喜和不知疲倦地工作着，通过不断的工作进行创造。他的心理在新陈代谢，这种新陈代谢是与他的成长密切相关的。

当儿童找到了能激起他强烈兴趣的某种东西的时候，他实际上是赢得了一场战争，他克服了不稳定性，学会了全神贯注。

在"儿童之家"，当一个接一个的孩子在连续、反复、自由选择的工作中学会全神贯注的时候，班级发生了巨大变化。

教师写信向蒙台梭利汇报："我没有做任何干涉,秩序似乎是它自己建立起来的。这些儿童似乎陶醉在他们的工作里……他们把精力集中在一些精确的和有条理的工作上,并在克服困难时体验到一种真正的快乐。这种工作对于他们的性格产生了直接的作用。他们成了自己的主人。"

蒙台梭利指出,连续活动几乎能像魔杖一样叩开儿童天赋正常发展之门。

再来看看成人是如何对待儿童工作的。

成人工作和儿童工作的区别在于:成人工作的成果是物质或者精神产品,是一种劳动生产,遵循"最大效益法则",力求用最少的时间做成最多的事情,一件接一件,直线前进;儿童工作的目的是造就健康完美的成人,是能力与心灵的成长,需要重复、连续地练习,一遍又一遍,循环上升。

于是,在成人势利的、务实的眼光看来,儿童的工作是幼稚、低效和可笑的。

看到孩子付出巨大的努力,泼泼洒洒也没能提走一桶水;看到孩子一遍又一遍地梳头,好像下定决心要用一年的时间把辫子编好;看到孩子将并非珍贵的瓷器端到另一个房间收藏起来……每当这种时刻,如果不抢过去替他完成,成人就感到痛苦。

痛苦的真实根源在于:儿童工作的节奏和成人不同。

每一个人在他的活动中都会有一种节奏,这种节奏是人的一种内在特征,几乎就像一个人的形体。当其他人的活动节奏跟我们相接近,我们就会感到高兴;如果我们被迫改变自己的节奏去适应他人,我们就会感到很痛苦。

当我们以迅速有效的行动"帮助"孩子完成工作的时候,我们就是在用自己的节奏代替了孩子的节奏——我们这样做,只是为了解除自己的痛苦。当儿童以强烈迅速的节奏活动,成人反倒能够原谅孩子带来的混乱与无序,认为那是充满生机的表现。

正是在洗澡、穿衣、系鞋带、梳头这些小事情上所发生的激烈冲突,揭示了人类成长所遇到的最早和最富有戏剧性的斗争，即儿童要靠自己的努力求得生长，而成人却在不遗余力地压抑他。

六、"安静练习"和"理智的沉静"

儿童天然热爱秩序。

儿童天然热爱安静。

兼具了医学博士和幼教专家的身份，蒙台梭利以她特有的客观、细致、敏锐、深刻，揭示出儿童天性的本来面目。

然而，长期以来，人们误将无序和吵闹当作了儿童的本性。在这重大误解的遮蔽下，儿童和成人失去了多少共同沉醉的甜蜜体验——更不要说安宁和秩序可以将人的心灵导至纯净与优雅。

有一天，蒙台梭利抱着一个只有4个月大的女婴去教室，女婴的母亲就站在院子里。婴儿的脸蛋胖而红润，婴儿的安静感动了蒙台梭利，她决心和儿童分享这种感受。蒙台梭利对他们说："她毫不作声。"然后，蒙台梭利开玩笑地补充说："看，她站得多稳（指婴儿的脚被包在襁褓里）……你们谁也不能像她那样好。"使蒙台梭利惊讶的是，所有的儿童都异乎寻常地盯着她，并把他们的双脚并拢在一起不说话。

"注意，"蒙台梭利继续说，"她的呼吸多么柔和。你们谁也不能像她一样平静地呼吸……"令蒙台梭利再度惊讶的是，周围的孩子竟然都站着一动不动，开始屏住呼吸了。

那一刻，出现了一种令人难忘的安静。平时难以听见的挂钟滴答声"响起来"了，似乎这个女婴把从来没有过的安静气氛带进了教室。所有的人都在专心致志地体验这种安静，并在脑海中再现它。所有在场的儿童都参与了这项活动，这不是出于激情，因为激情意味着一种冲动和外在表现的东西；这是出自儿童内心的愿望。在这令人感动的安静中，蒙台梭利和孩子们渐渐听见了极其轻微的声音，诸如鸟鸣和远处滴水的声音。

这件事情，就是蒙台梭利学校"安静练习"的来由。

蒙台梭利在不远处低声叫他们的名字，被叫的人听见了，要轻轻地、不发出任何声响地走上前来。其他孩子则受到磨炼，渐渐学会体验宁静中期待的甜蜜。

开始的时候，蒙台梭利用糖果奖励做得好的孩子，可是他们拒绝了。他们仿佛在说："请不要破坏我们美好的体验，我们的心里充满欢悦，请不要分散我们的注意力。"

这使蒙台梭利认识到：儿童不仅对安静敏感，更对叫到他们名字的声音敏感，这种重复练习使儿童的身体和心灵变得机智灵敏。他们为自己能够完美地完成动作而感到自豪，他们惊喜地发现了自己的潜能，"看见"自己的生命力在一片新鲜、安静的田野里扩展、增长。

当精神实现升华，自我意识和尊严感萌生并增强，自然而然地，儿童拒绝了奖励所带来的那些肤浅的、外在的乐趣。

在我的班级里，听音乐，主要是古典民乐、纯钢琴曲之类优雅舒缓者，大约可以算得"安静练习"了。

刚入学的时候，他们能听进去的，只有《小龙人》之类的儿歌。《春江花月夜》的声音落到他们中间，就像一杯水软弱无力地消失在沙漠之中，然后依然是孩子们的吵闹。

《渔舟唱晚》《苏武牧羊》《平沙落雁》《高山流水》《雪绒花》《大江东去》《梁山伯与祝英台》……现在，我们都把享受"雅乐"当作学校生活的必需。两天不听，不仅是学生，教师自己也觉得"渴得紧"。那时候，我们师生都轻闭着眼睛，全神贯注。一曲结束，师生往往如同刚刚休整过一样，精神饱满而且灵醒，心灵充盈而且鲜活。40分钟的中间，插一段这样的"神游"时光，教学效果必胜过连续作战。

仅从教学效果的角度看待音乐中的安静练习是狭隘、势利的，有时候，下课的铃声响了，一曲却没有结束，孩子们会对外面的吵闹置若罔闻，一动不动地闭着眼睛继续听，直到教师关了机器说"下课"。到这一阶段，他们的精神，已被音乐和安静滋养得足够平和、润泽与清健。

低年级孩子读书大多是"吼叫式"的，这和教师的默许不无关系。我则要求他们"有感情地念，不要喊叫"。齐读的时候，往往让他们跟着录音磁带,"用你能有的最轻的声音读"。这样做的时候,学生兴致勃勃、表情丰富——更专心了。

让孩子安静的前提,是教师必须具备"理智的沉静"。

可是在很多人看来,教师,尤其是幼儿教师的沉静是一种性格和神经质。蒙台梭利则认为:沉静是一种无杂念的、更好的和无阻碍的状态,它是内心清晰和思考自由的源泉。这种沉静由心灵的谦虚和理智的纯净组成,是理解儿童必不可少的条件。

我想起了苏霍姆林斯基推崇的"灵敏的寂静"——

能够把少年"拴住"在你的思路上,引着他们通过一个个阶梯走向认识,这是教育技巧的一个重要标志,就是课堂上出现一种"灵敏的寂静"的气氛:学生们仔细地倾听着每一句话,你可以逐渐地把声音放低,用不着使用那种专门的演讲式的语调对他们说话(这种调子会很快引起学生的疲劳),而使用人们之间平常交谈的语调。

经验证明:讲课当中过分激动人心的、鲜明的、形象的东西,会使得少年过度兴奋,会使大脑两半球皮层进入某种麻木状态。

采取很原始的办法来激起学生的兴趣,在这件细致的事情上缺乏教育素养,这正是使人们感到少年是"最难对付的人群"的严重问题之一。

七、正常化

经过蒙台梭利的幼儿教育,不整洁、不服从、懒散、贪婪、自我中心、好争吵、顽皮……这些以"缺点"形式表现出来的儿童特征,在孩子身上逐渐消失。

不仅如此,创造性想象、喜欢故事、对个别人特别依赖、勇敢无畏……这些被当作"优点"的儿童特征,也在孩子身上逐渐消失。

在蒙台梭利的学校里,儿童欣喜和不知疲倦地工作着。他热情地对诸如安静一类的练习做出反应,他喜爱一切能导向正义和荣誉的课程,他急切地想学会使用那些能发展他的心理的工具,可是他讨厌诸如奖品、糖果、玩具之类的东西。他热爱秩序,可他仍然是一个真正的儿童，充满朝气、真诚、欢乐、可爱；高兴时叫喊着拍着手到处奔跑，奔跑时注意不碰到任何东西，大声欢迎客人，反复感谢，用召唤和追随表示对自己喜欢的事物的热爱。

变化发生的原因，在于揭开"第二重本性"的伪装，恢复了儿童的"第一重本性"；这种变化，蒙台梭利称之为"皈依"和"正常化"。

以上这些见解，是新鲜且令人惊讶的。我不知道是否应当赞同，然而印象深刻，难以忘怀。

再比如：想象力异常丰富的成人，往往受了自己感觉印象的支配，这样的人不可能持久地将注意力集中在一件事情上，他们的心灵无法保持平静，他们连真正的艺术创作也无法进行。所以他们什么都不能做，什么都做不成。这种心理畸变，可以在童年时期找到根源。

一些孩子看起来好奇心很强，总是不断地问"为什么"，似乎渴望知识。如果仔细观察就会发现，他们并未认真倾听回答，他们不断提问，只是为了把成人牢牢拴在自己身边，这种对于成人的过度依附，源于一种心灵的懒惰，是活力和创造力衰退的外在表现。

贪食和厌食一样，不仅是生理的，也是精神的疾病。所有动物都具有对食物的敏感性，凭着这种主导性本能的引导，它们不仅知道自己该吃什么、不该吃什么，而且知道吃多少才符合健康的需要；在自然状态中，每一个动物都本能地知道它该摄取的食量。只有人才会吃下超过需要量的食物，这也是一种心理畸变的征兆，因为他已经失去了自然赋予他的对食物和自己健康状态的敏感性。

一间屋子里有一张长桌子，上面放了许多不同的物体。第一组儿童进去，欣喜地发现自己置身于这么多有趣的物品当中，他们拿起东西就开始工作，做完一件又一件。第二组孩子进来了，他们慢慢地走，最后安静地站在四周，很少有人拿起东西工作。两组儿童中，心理残缺的是第一组，心理健康的恰是第二组。精神正常的标志是镇定、有分寸地行动。幼儿教育的目的，就是要培养儿童慎重、周到的品质。

当危险来临，成人出于自我保护的本能，会产生正常的恐惧。这种正常的恐惧是儿童所不具备的，生活中的儿童处于危险的包围之中；

儿童，也是最容易演绎英雄主义壮举的特殊人群。在蒙台梭利的正常化经验中，没有英雄主义的事例，那里的儿童已在日常生活中形成了一种谨慎的心理品质；这种谨慎使得他们既能自由地活动，又能理智地避开危险；他们通过教育，学会了控制自己的行动，避免盲目的冲动。这样的儿童，既是环境的主人，也是自己行动和感觉的主人。

在蒙台梭利看来，这种正常、平静、崇高的品质和生活，才是我们应当带给儿童的。

小草对阳光、空气、水分、土壤的利用

—— 读《民主主义与教育》

引　子

关于约翰·杜威的《民主主义与教育》，怀揣着一份沉重的景仰，我做好了随时掩卷、弃甲而去的准备。

开卷，先是滕大春的《杜威和他的〈民主主义与教育〉》：

> 杜威是美国实用主义哲学家和教育家，所著《民主主义与教育》全面地阐述了实用主义教育理论，是其教育著述的代表作。英美学者把它和柏拉图的《理想国》以及卢梭的《爱弥儿》并列。不过，古希腊柏拉图的《理想国》是奴隶主阶级的教育蓝图，它把教育视为少数自由民的特权，其最高目的是培养统治广大奴隶的哲学王；杜威则呼吁民主的教育，借以实现民有、民享、民治的资产阶级民主社会。卢梭的《爱弥儿》在法国启蒙运动时代是震撼人心的，但卢梭是缺乏教育实践的理论家，其自然主义的教育纲领难以落实；杜威则不但强于教育理论，而且富于教育经验，他把理论和实际贯穿起来了。在教育史中既能提出新颖教育哲学，又能亲见其实施之获得成功者，杜威是第一人。《民主主义与教育》刚好是理解近百年来美国以及众多国家教育演进的钥匙。
>
> （引自《民主主义与教育》，以下凡引此书，不再注明出处，只以仿宋体显示）

然后是"一、杜威的时代和生平"，列举出诸多前辈及一大串的人名、地名、校名、理论，看得我有些晕乎；"二、《民主主义与教育》的重要论点"，更是让我觉得枯燥；后面还有"三、杜威教育思想的影响和评价"呢。

于是我丢下滕大春好心的引导，直接去读《民主主义与教育》。

下午是我难得没课的半日，我读完了第一章《教育是生活的需要》。

总共 10 页的文字，我来回看了两遍。我不怕慢，读读，写写，歇歇，26 章，两个月总能啃完吧。这样的书，一般我是看过就不再看的。狼吞虎咽和细嚼慢咽之间，我宁愿选择后者。

　　生物和无生物之间最明显的区别，在于前者以更新维持自己。

我读一本教育理论得以维持，在于以文字方式呈现个体化吸收、歪解的成果。"六经注我"固有偏颇，但是在我这里，无"我"的阅读，是不能想象的。虽然这个"我"往往嚣张得过了分，遮蔽了文本本身更大的客观价值。

　　虽然生物容易被优势力量所压倒，它仍然设法使作用于它的力量，变为它自己进一步生存的手段。如果它不能这样做，它不只是被砸得粉碎（至少在高等生物是这样），而且不成其为生物。

　　生物能为它自己的继续活动而征服并控制各种力量，如果不控制这些力量，就会耗尽自己。

就算我是一株草吧，阳光、空气、水分、土壤都是比我伟大得多的事物和力量。但我是有生命的，现在，为了我的生存，小小的草，就必须利用、控制它们，使它们成为保存我的手段。

也许以后，我会更新到"我注六经"的层次；但现在的我，如果不这样读，就不成其为我。

慢慢来，缓慢地更新，其成果才是确实可靠的。

只就自己特别有感触的内容谈感受。偏颇、幼稚，在所难免。

但我是一株草。我只能从草的，而不是从大树和鲜花的角度，去利用、去控制伟大的书籍——伟大的阳光、空气、水分、土壤。

刚读了一章 10 页，就非写出感受，不然无法继续阅读的一个重要原因是：我喜欢杜威的文字——从容不迫、富于生气、比喻精妙、启人遐思。读的感觉，好像在听，往往不禁击节赞叹。这种有声音、有氛围、能真切感觉到作者"这个人"的气息、脾性和语调的阅读，是我喜欢的。

原来，理论家的巨著，也可以是有"我"的。

一、志趣相投形成社会

　　社会不仅通过传递、通过沟通继续生存,而且简直可以说,社会在传递中、在沟通中生存。在共同、共同体和沟通这几个词之间,不仅字面上有联系,人们因为有共同的东西而生活在一个共同体内;而沟通乃是他们达到占有共同的东西的方法。为了形成一个共同体或社会,他们必须共同具备的是目的、信仰、期望、知识——共同的了解——和社会学家所谓志趣相投。

　　人们住地相近并不成为一个社会,一个人也并不因为和别人相距很远而不在社会方面受其影响。一本书或一封信,可以使相隔几千里的人们建立起比同住一室的住户之间存在的更为紧密的联系。甚至为一个共同目的工作的个人也不构成一个社会群体。一部机器的各个部分,为着一个共同的结果而以最大限度的相互合作运转,但是它们并不形成一个共同体。

以上是第一章《教育是生活的需要》之第二节《教育和沟通》的片段。初读的时候,因其新颖度和震撼力,我忍不住把全文念给朋友小安听。现在,我费了很大的劲,才克制住自己没有把整节都敲出来。看见如此明晰、果断、充满感情的文字从我的指间流出,感觉好得就像它们是由自己写出。

关于"社会",《现代汉语词典》的解释是:泛指由于共同物质条件而互相联系起来的人群。

"是这样,知道了。"

面对这样显然更具权威性的解释,我的反应只能如此。如果还要做些什么,至多也就是默念一两遍,记住它,以便需要的时候可以倒出来。心,却如止水,纹丝不动。

　　为了形成一个共同体或社会,他们必须共同具备的是目的、信仰、期望、知识——共同的了解——和社会学家所谓志趣相投。

为什么杜威明显个人化的见解使我如此不能释怀?

词典中，使个体成为社会成员的，是"共同物质条件"；而在杜威这里，则全然无视物质条件的先决性，径直指出"志趣相投"才是形成共同体或社会的关键。比之"志趣相投"，共同的物质条件、临近的居住关系，乃至服务于同一目的密切合作都不是形成社会的决定因素——除非群体中每一个人都知道、都关心别人在干什么，而且有办法使别人知道自己的目的和进展情况。

这便说到了沟通。杜威用简洁、饱满的文字，说明了沟通的教育性、艺术性及对传递双方的影响力。

哦，是了，让我觉得新鲜、温暖和震撼的原因正在于此。

《现代汉语词典》所定义的"社会"，是立足于物质和全局；杜威所看重或更看重的，则是心灵与个体，是对于目的、信仰、期望、知识的共同了解。

如此看来，社会性不只具有广度，更具有深度。

虽然同事三年，都不知道陆老师和吴老师是夫妻，但我还不敢说我和同事、领导不具有杜威意义上的社会关系；但是，相比之下，那些远方的，经由电话、文字而联系起来的朋友，确确实实，我和他们更是共同呼吸、共同生活在一个亲密、温馨、充满生机的共同体内。而且，是这种来自远方的，由电波实现的沟通，由电波维持并增进的归属感和力量感，使我们可以忽略身处的孤寂，一意走着共同摸索出来的路，并且终因所做的事情吸引了身边人们的关注，赢得或者加强了与身边人的社会性联系。

我想，不仅是我，凡是读到杜威的"社会"论的人，都会不由自主地拿着一杆新的标尺重新衡量自己和周围人的关系，尤其是那些一直以为休戚与共的：使得我与他、与他们联系起来的，究竟是物质层面的利害得失，还是心灵世界的志同道合？我们是否活在杜威所说的社会共同体中？如果一个人，在他的世界里只有利益指向的合作关系，没有真正的志趣相投者，那么，他是否还可以称得上是社会人？他与同事、同学、合伙人、上下级，乃至夫妻，是否形同沙砾——看起来近得不能再近，内心却遥远得胜过这颗星和那颗星？

> 因此我们不得不承认，甚至在最社会化的群体内部，有许多关系还不是社会化的。在任何社会群体中，有很多人与人的关系仍旧处在机器般的水平，各个人相互利用以便得到所希望的结果，而不顾所利用的人的情绪的和理智的倾向和同意……发命令和接受命令改变行动和结果，但是它本身并不产生目的的共享和兴趣的沟通。

如果没有成绩之外的相同的悲喜，即便他们在我的"教育"下都考了满分，那么我和我的学生，也不在一个共同体内。我和他们的关系，就好似一块石头和一堆沙子。那将多么悲哀啊，无论是作为教师，还是作为据说是"社会性动物"的人。

志趣相投者的多寡和优秀度，是决定一个人社会化的广度和质量的两个标准。希望凭借我的沟通能力和可以达到的人生境界，使自己有限的生命，拥有尽量开阔、尽量上乘的社会性。

二、周围事物和真环境

> 社会通过各种无意的和计划好的机构，把蒙昧的和似乎异己的人改造成为它自己的资源和理想的健全的托管者。

信仰和抱负是精神性的，不能在物质上取出或插入，不能直接传播或灌输。那么，如何有效地实现沟通，使得年轻人与老年人具有共同的志趣呢？

杜威的回答是：

> 依靠环境的作用，引起某些反应。所需要的信仰不能硬灌进去；所需要的态度不能粘贴上去。但是个人生存的特定的生活条件，引导他看到和感觉到一件东西，而不是另一件东西；它引导他制订一定的计划以便和别人成功地共同行动；它强化某些信仰而弱化另一些信仰作为赢得他人赞同的一个条件。所以，生活条件在他身上逐渐产生某种行为的系统，某种行动的倾向。"环境""生活条件"这些词，不仅表示围绕个体的周围事物，还表示周围事

物和个体自己的主动趋势的特殊的连续性。当然，无机物是和它周围事物连接在一起的；但是，除非用比喻的说法，周围的情况并不构成环境。因为无机物并不关心影响它的各种势力。另一方面，有些东西在空间和时间上和一种生物，特别是人类，相隔遥远，甚至可以比有些和他接近的东西更加真实地形成他的环境。

在杜威看来，星空和望远镜是天文学家最亲密的环境；远古人类的生活以及那个时代留存下来的遗址、铭刻等是文物工作者的真实环境；北极是北极探险家的重要环境——哪怕还没有到过北极。因为一个人的活动跟着事物而变异，这些东西便是他的真环境。

第二章《教育是社会的职能》共四小节：一、《环境的性质和意义》；二、《社会环境》；三、《社会环境的教育性》；四、《学校是特殊的环境》。言简意赅的论述让我屡有茅塞顿开的快乐。

然而，4节14页文字中，最难忘怀的还是杜威对于"周围事物"与"真环境"所做的区分。比之通常人们对于"环境""生活条件"的认识，杜威之见无疑是狭隘、主观、个人化的。

①周围的地方。②周围的情况和条件。这是词典里关于"环境"的两个解释。然而，杜威以为"环境""生活条件"这些词，不仅表示围绕个体的周围事物，还表示周围事物和个体自己的主动趋势的特殊的连续性。

也就是说，如果不与个体的行为系统、行动倾向有着特殊的连续性的影响，所有的情况和条件，都仅仅是围绕个体的"周围事物"，那么就不是"真环境"。

"真环境"并非"客观存在"。如果那样，则无论是乐观主义者的积极改造，还是悲观主义者的消极适应，人都是被动的。

与"社会性"一样，"真环境"再一次显示：在杜威这里，人是如此的崇高和强大。比适应、改造更为主动和有力的，是人可以让围绕着他的事物，经过精神活动和实践活动的筛选，部分地成为他的环境。

当然，"真环境"对人的发展的作用可以是积极的，也可以是消极的。可是，只要你愿意，你且往积极的方面想一想，真是振奋人心。

昨天和一个朋友通话，说到了各自的童年：她的童年孤独、敏感、唯完美是求，时刻在意着人群的评价；我呢，顽劣、蛮野、天不怕地不怕，整个儿一人见人愁的假小子。

"可是，机缘让你遇见了书——我知道，你相信这种无法解释、没有来由的机缘是前世注定的。你想过没有，如果不是书，你将成为怎样的人？"她问。

是啊，在那个大杂院的上空，在那个生活条件与精神面貌一样贫瘠丑陋的客观存在之外，是书，为我凭空造就了一座海市蜃楼。

至今还记得，是在三年级，生平读到的第一本小说是黎汝清的《海岛女民兵》。是大人从工厂图书室借来的，没有任何人引导，读了也就读了。接着是自己借、自己买：《小闯》《战地红缨》《较量》《刘文学》……

当然，更多的是小人书。节省、拾卖废铁，我也不知道那时候的自己，怎么总会有办法弄来钱，给自己买来那么多的小人书。《钢铁是怎样炼成的》《童年》《在人间》《我的大学》《小八路》《鸡毛信》《铁道游击队》《岳飞传》……每天上学放学，总要特地经过那家小小的书店——每次书店进了新书，我总是最早知道，最先买到。

和今天我推荐给孩子们的读物相比，那些书显然不太适合儿童阅读。然而，在那个年代，正是那些书籍，为我营造了一个属于我的精神世界。渐渐地，我和同龄人显得疏离。空闲的时间和精力，更多投在了觅书、读书和因书而起的想入非非——头脑里总是萦绕着那些惊险、曲折、血腥的情节和场面——深深遗憾自己没有生在战火纷飞的革命年代，深深遗憾身边竟然没有一个反革命分子让我去逮、去做斗争。

之后，随着时代进步，读到的文字不一样了。可是，童年起种在白纸黑字里的"真环境"却早就生了根。随着"真环境"的年逾一年的扩大、强劲、茂盛，周围事务越来越显得与我无关。

我跟朋友说：因为书，我们每天都活过了两遍，一遍是和大家一样的衣食住行、上班谋生，一遍是在阅读、写作、思考中以及由此衍生而来的友谊中。

有人以为我们不食人间烟火。现在我知道了,所谓的"不食人间烟火",完全可以换一个好听的名号——"超越平凡的生活"。

应当遗憾的也许是我嫌超越得还不够。

谢谢杜威。

一个人,当他由于自己的禀赋、意志和能力,使环境不能阻碍他在自己喜欢的领域飞翔,也就是说,当所谓客观环境对他形同虚设的时候,他便实现了对庸常意义上的环境的超越。

在世界上绝大多数人看来,海市蜃楼是虚幻的。可是,如果有这样一个人,终年生活在海市蜃楼可能出现的地方,期待、焦灼、绝望、幸福……那么对于他来说,现实是虚幻,海市蜃楼才是他生命中重要的真实,美丽的真实。

> 总之,环境包括促成或阻碍、刺激或抑制生物的特有的活动的各种条件……正因为生活不仅仅意味着消极的存在(假如有这样的东西),而是一种行动的方式,环境或生活条件进入这种活动成为一个起着支持作用或挫败作用的条件。

一个人生命的能量越大,为自己创造"真环境"的能力就越强大。这种能力,比如大树在干旱的荒漠里,能够从地底汲取水分,终至于造就一片葱郁的林莽。继而这林莽,又成为花草、昆虫、飞鸟、行人喜悦的环境。

绝对的生命的荒漠是少见的。

多年以前,一个春天的早晨,我偶然在教室门口看见:水泥台阶的小小缺口里长出一株无名的小草,而且还开出一朵蓝色的小花。那个时刻的我,激动不已;那个时刻的激动,到现在仍新鲜如昨。我让全班同学停了早读来看,并且告诉他们:一定要尽我们的力量保护好她。

纷至沓来的脚步,随时可以碾碎她;顽皮的孩子,随时可以拔了她——在我们看来,只拥有一小撮泥土的那株小草是可怜和朝不保夕的。可是,你看呵,那油绿的叶片,那盛开的小花,自豪丝毫不亚于田野里的同类。可见,她所拥有的,是整个美丽的春天和整个辽阔的大地。当她活着是这样,当她死去,所谓的可怜和危机便与她无关。

从这株小草里，可以看见可怜与贫瘠，也可以看见富足与壮丽。

如果只有适应，我是连小草都不如的无机物；如果一意要改造，则实际上又为周围事物所吞噬，于雄心勃勃中失去自己。在我看来，被动适应固不可取，努力改造也没有意思。在我这里，更愿意做的事情是：根据自己的天性，为自己选择、创造属于自己的"真环境"，活出真实的自己。

三、特殊的物质环境

第三章《教育即指导》。第一节《环境的指导作用》，在对有意识控制的弊端做了简洁然而透彻的揭示之后，于第二节《社会指导的模式》中作者写道：

> 人在社会环境中生活、行动、存在；这种社会环境就是指导他活动的长期有效的力量。

环境对人的内心倾向的影响力远远大于说教和控制。理解这一点，并不需要读杜威。要紧的是，什么是环境？自然环境也好，社会环境也好——过去，"环境"这个概念在我心中所引发的联想，无论是花草树木、市井村庄还是人群场景，都是可见、可听、可触的物质性的存在。

第四节《教育上的一些应用》中的这段话让我兴奋莫名：

> 因为语言代表着为了社会生活的利益经过最大限度改造的物质环境——在变成社会工具时物质的东西已丧失它们原来的特征——所以，和其他工具比较起来，语言应起更大的作用。通过语言，我们间接地参与过去人类的经验，因而拓宽并丰富了目前的经验，使我们能运用符号和想象去期待种种情境。语言能用无数方法把记录社会结果和预示社会前景的意义凝缩起来。自由参与生活中有价值的东西，是一件非常重要的事情，不识字和未受教育几乎成为同义词。

原来，语言是一种物质环境。对于我这样的从骨子里认为"语言的边界就是人类存在的边界"的人来说，这样的论断真是振奋人心。

如果需要，春天我也会带孩子们看桃花，冬天我也可以领孩子们堆雪人。但那都是些偶然性的活动，绝非可以一再复制的，而连续性乃是实现有效的教育的重要原则。所以，尽管那样的回忆会令孩子终生难忘，作为一个具有专业意识的教师，我更在意的是：每天进行着的语文课，是否美丽、生动、丰盈，是否因了复制中细微的差别而呈现出生长的态势。

语文就是语文。比起春花秋月，比起声光电化，比起游戏表演，语言是语文教学最本质的物质环境。语言既是师生精神成长的雨露和土壤，又是师生精神成长的花朵和果实。

在课堂上，师生语言所达到的境界，就是语言这个物质环境在满足儿童语言发展需要方面所到达的境界。其他种种，都是次要的和辅助性质的。

> 但是，学校强调这一特殊工具有其危险，这种危险不在理论上，而表现在实践中。尽管灌输式的教学和被动吸收式的学习普遍受到人们的谴责，但是为什么它们在实践中仍旧那么根深蒂固？教育并不是一件"告诉"和被告知的事情，而是一个主动的和建设性的过程，这个原理几乎在理论上无人不承认，而在实践中又无人不违反。这种可悲的情境，难道不是由于原理本身仅仅是听人讲讲的事吗？这个原理只是被人宣讲，被人讲课，被人写作罢了。但是，如果要在实践中贯彻，就要求学校环境有实行的机构，有相当的工具和具体的材料，这样的程度是很少达到的。实行这个原理，要求改变教学和管理的方法，使学生能够直接地和继续不断地利用东西作业。我们的意思，并不是要削弱语言这种教育资源的运用，而是要使语言和共同活动建立正常的联系，使语言的运用更有生气，更有效果。

说说今天的《狐狸与乌鸦》。

"故事说明什么道理？"

"喜欢听好话，就容易上当受骗！"很多孩子嚷起来。

"第一次，狐狸怎么说？"

"亲爱的乌鸦,您好吗?"

"再甜蜜一点!再动听一点!"

"亲爱的乌鸦,您好吗?"

"正常情况下,乌鸦应当怎么回答?"

"我很好!"

"哈哈哈,亲爱的张悦媛,你好吗?"张悦媛有些羞涩地看着我,笑而不答。

她前面的江业雯喊起来:"亲爱的薛老师,您好吗?——可是,老师不是狐狸,不用担心老师骗人,所以可以答应老师的!狐狸,就不能答应它了。"

"所以啊,第一次,狐狸甜蜜地招呼她,乌鸦怎么反应的呀?"

"乌鸦没有回答。"

"第二次,狐狸怎么说?"

"亲爱的乌鸦,您的孩子好吗?"

"什么叫赔着笑脸?"

"不想笑,硬是笑。忍着饿,一心想吃那片肉!"

"好,就这样,你们就是那只狐狸,你们赔着笑脸说——"

"亲爱的乌鸦,您的孩子好吗?"

"'乌鸦看了狐狸一眼,还是没有回答。'这次乌鸦为什么看了狐狸一眼?"

"因为狐狸问候她的孩子了!"

"如果你的妈妈是这只乌鸦,这个时候,妈妈会松口说话吗?会说的举手。"

先是几个人,然后十来个孩子举手。

"李旭冉,你妈妈为什么开口说话?"

"我妈妈头脑比较简单。"

"李卓然,你妈妈为什么开口说话?"

"因为妈妈最爱孩子。听见人家问候我,妈妈忍不住不说话,就忘记嘴里的肉了。"

"邢虎威,现在你妈妈把肉弄掉了耶,你还喜欢你妈妈吗?"

"喜欢!"

"为什么?"

"妈妈太爱我了。"

"叶少华,你妈妈把肉弄掉了,你会怪她吗?"

"不怪。"

"没有举手的同学,你们的妈妈很聪明。你们会笑话那些丢了肉的妈妈吗?"

"不——会。"

"老师老师,如果是我妈妈,她第一次就会把肉弄掉的!"王艺伟似乎受了鼓励,说出刚才没有勇气说的话,"我妈妈很懂礼貌,只要有人问候她,她一定要回答,不管嘴里有没有肉。"

"哈哈哈,你的意思是说,你妈妈相信人都是好的,很容易忘记狐狸是骗子,对不对?"

"嗯。"

"好。我们看第三次,狐狸怎么说。'狐狸又摇了摇尾巴说'——"

"亲爱的乌鸦,您的羽毛真是漂亮,麻雀比起您来,可就差多了。您的嗓子真好,谁都爱听您唱歌,您就唱几句吧!"

"如果你是乌鸦,你这个时候会唱歌吗?"

"不——会!"只有韩玉琤一人举手。

"我会。因为狐狸的赞扬太动听了。"

"我也会。"李旭冉比比画画地说,"乌鸦的心就像温度计里的那个柱子,狐狸一次又一次地说,越说越好听,它就渐渐升高,最后爆炸了!"

"还可以这样说:乌鸦的心像一块冷冷的冰,渐渐给融化了,对不对?"教师以为自己的比喻更恰当。

"安静,安静——大家听我说。"教师先提高嗓门,然后随着安静放低声音,"现在,你是这只乌鸦。羽毛又短又黑,不好看;声音又粗又哑,不好听!从来没有人夸你长得漂亮,从来没有人愿意听你唱歌——更可能啊,除了你的孩子,没有人愿意听你说话!(听到这里,唐雅馨发出"呜呜"的声音，表情甚是悲苦）你明明知道自己又难看又不擅长歌唱，听啊，现在有人这样热情地赞美你——"

"亲爱的乌鸦，您的羽毛真是漂亮，麻雀比起您来，可就差多了。您的嗓子真好，谁都爱听您唱歌，您就唱几句吧！"

"唱的人请举手。"

先是十几个，然后，经过犹豫，大多数人坚定地举起手。

"为什么？"我问施淑静。

"我真的想有人听我唱歌。"

"为什么？"我问肖君军。

"乌鸦好可怜。从来没有听见人家这样表扬她，她没法不高兴。"

"为什么？"我问江业雯。

"这次狐狸夸我夸到位了。"

"为什么？"我问神情激动的韩玉琤。

"夸奖的话对于人很重要。如果一直没人夸奖，吃再好的东西，也没有味道！"

"哦，回答得真是太好了！夸奖也是一种美味呀。那么我问你，你愿意用一块肉去换一次动听的赞扬吗？"

"愿意！"韩玉琤毫不犹豫地说，"如果我是那只乌鸦，只要有人那样赞扬我，我会主动把肉送给他的。"

"可是人家是欺骗你的，你后悔吗？"

"不后悔。因为我听见赞扬了。"

"那么你们呢？"我问那些终于"哇"出声音的乌鸦。

"不后悔。"很多人说。

"后悔。"一样多的人说。

"所以啊，如果第一次把肉弄丢了，说明这只乌鸦——"

"很善良，很懂礼貌。"

"如果第二次把肉弄丢了，说明这只乌鸦——"

"心太软，太爱自己的孩子了。"

"现在，她第三次把肉弄丢了——"

"说明她很可怜,很爱自己,很想听见表扬的话。"

"如果她一直不松口呢?"

"说明她很聪明!"

"有四只乌鸦在这里,你们喜欢哪一只?"

"都喜欢!"

> 学校如果脱离校外环境中有效的教育条件,必然用拘泥书本和伪理智的精神替代社会的精神。儿童无疑要进学校学习,但是,如果学习成为不与社会联系的有意识的事情,要能够最适当地学到东西就还有待于证明。

凡是找不到自己的阅读,在我看来都是虚无的阅读。

这是二年级的语文课。也许有人会批评这样的教学太过深刻,难逃拔苗助长的嫌疑。可是个人以为:只要教师让孩子从文本中看见自己,使学习和自己的生活建立了联系,只要那果实是从孩子的生活环境和精神世界里生长出来的,那便是自然的和合乎儿童发展需要的。

反之,如果没有和生活环境建立联系,"脱离校外环境中有效的教育条件",即便将教学目标定在懂得"爱听奉承话容易上当受骗"的基本线上,收获到的寓意,也是"拘泥书本的伪理智"。

> 努力求得孤立的知识,和学习的目的是背道而驰的。……只有通过从事联合的活动,一个人在这种活动中运用材料和工具,有意识地参照别人如何运用他们的能力和器具,他的倾向才获得社会的指导。

善于调动丰富的学习材料,长于提供精良的学习工具是教师的职责。材料和工具当尽量以语言的方式呈现。一个足够好的,能让孩子思维兴奋的问题,一个巧妙的、基于对孩子的充分了解而做出的教学预设,就是交到孩子手中,让他们联合使用的好工具。而材料则潜藏在师生的知识储备、情感世界和生活环境之中。

有一种语文课堂,发言也好不发言也好,孩子们都真真切切沉浸其中:读了、听了、想了、笑了、忧伤了、释然了——他们便参与了联合活动。他们的倾向必在不知不觉中受到良好的社会指导。而这一切，是在语言的场——特殊的具有稳定性与连续性的物质环境中进行的。

由于这样的语文课堂，由于这样的物质环境，孩子们的语文学习将形成这样的倾向：一方面，沿着自我的方向向内开掘；另一方面，朝着生活环境所覆盖的广度，向外拓展。

从而，他们与世界的联系尽量开阔，尽量深厚，尽量温暖。

这样的语文课堂，是我梦寐以求的理想。

这样的物质环境，是我努力营造的乐园。

四、从"比较的观点"到"内在的观点"

第四章《教育即生长》充满温情。著作固有的理性为这份温情注入感染力，而充沛的温情又为理性平添了说服力。一点个人特殊感受是：同读本章，有孩子的人和没有孩子的人，感慨程度可能有所不同。

> 生长的首要条件是未成熟状态。我们说一个人只能在他未发展的某一点上发展，这似乎是自明之理。

把未成熟状态只是当作缺乏，把生长当作填补未成熟的人和成熟的人之间的空缺的东西——这是杜威坚决反对的。在他看来，形成这种观点的原因，在于用比较的观点看待儿童期，而不是用内在的观点看待儿童期。持这种观点的人用成年期作为固定的标准衡量儿童期，这样就把注意力集中在儿童现在所没有的、他成人以前所不会有的东西上。平心而论，这实在难逃傲慢武断和以大欺小的感觉。

相比于成人，儿童是未成熟的。然而相对成熟有什么可骄傲呢？在成人那里，某一方面的成熟意味着他在这一方面已经完成生长，丧失了继续发展的可能。你可以以此为豪，但前提是你知道：在其他方面你未成熟，你还有发展的空间。否则，如果有人告诉你各方面全面成熟，你无法不心怀怨恨；如果你发现自己各方面全面成熟，你的反应可能是悲从中来，而不是为已经取得的成就而感到自豪幸福。

> 因为生活就是生长，所以一个人在一个阶段的生活和在另一

个阶段的生活,是同样真实,同样积极的,这两个阶段的生活,内容同样丰富,地位同样重要。因此,教育就是不问年龄大小,提供保证生长或充分生活的条件的事业。我们对未成熟状态先是觉得不耐烦,愈快过去愈好。于是,用这种方法教育出来的成人,回顾儿童期和青年期,感到无穷遗憾,只看到失却机会和浪费能力的景象。在我们承认生活有它自己内在的品质,而教育的任务就在于发展这种品质以前,这种讽刺性的情境将会持续下去。

从教以来,我一直注重对学生阅读能力的培养,曾经为学生二、三年级就能读注音本的《红楼梦》《西游记》《三国演义》《水浒传》而沾沾自喜;曾经为学生都五年级了还痴迷于童话而深感遗憾,想方设法"诱使"那孩子改弦更张,读"该读的书"。

现在看来,那时的所想所为,是典型的傲慢武断。潜藏在洋洋得意和循循善诱里的,是对孩子的轻蔑,是对童年生活内在的品质的无视。当教师这样做的时候,是自恃着可笑的成熟,将孩子朝着速成的方向上引。

那时候的教学目的是显而易见的:依据狭隘自大的"比较观",希望孩子快快长大;那时候的教师,虽与孩子朝夕相处,心却外在于儿童。不仅如此,教师还不遗余力地使儿童尽早成为外在于童年,外在于自己的人。

> 因为生长是生活的特征,所以教育就是不断生长;在它自身以外,没有别的目的。

跨越童年、快快长大,最好小学读尽中学书——由于存在着这么一个外在于儿童、超越生长过程、在生长之外另有的教育目的,童年本身的价值被抹杀了,儿童自然生长应有的幸福没有了。在兢兢业业把儿童朝着"小大人"的方向引的同时,教师也日益变得故步自封和暮气沉沉。"外在于"的位置堵塞了教师向儿童学习,从童年汲取生机的渠道。

现在我读《民主主义与教育》,进行得非常艰难,因为大量的、主要来自外国的绘本和儿童读物进入我的生活及我所在的办公室。课余，大家尽情地交流着阅读心得及从孩子那里收获到的快乐。在这种人人都年轻很多、开心很多也幼稚了很多的情境之下啃杜威，实在需要很大的毅力。从前，我读完这样的一本，顶多需要一个月；可是现在，大约两个月都读不完啰。

然而我心中充满前所未有的清新的喜悦。因为我已不似从前那样高高在上地外在于儿童阅读和儿童生活。当我带去他们本应拥有的快乐，来自儿童生活世界的幸福的回应，又倍增了我的快乐。

这是发现"未发展点"的惊喜：一片高远的天空，伴着无边清澈的愉悦，向着我，洋溢而来。

《民主主义与教育》即便读不完又怎样呢？只要我在生长，在另一个更重要的方面。

儿子读初三的时候，临近中考了，我规定他每天课外阅读不得少于半个小时。无论功课多紧，他一团糟的书桌上，总少不了《科幻世界》。为什么偏偏是《科幻世界》呢？因为高中生是《科幻世界》最大的读者群；因为它们洋溢着科学素养、艺术境界与青春朝气的和谐之美，其刚健清新。

那些充满幻想之美的封面，那些已被写成动人故事的图画，埋在成堆的试卷、笔记、资料里，异常醒目……疲惫沉闷的日子里，那是一扇窗，为儿子注入生动、美丽。

今年儿子高考之前，他的书桌上又是一片生动、美丽：《猜猜我有多爱你》《可爱的鼠小弟》《鳄鱼怕怕 牙医怕怕》《石头汤》《森林唱游》……

这些美丽隽永、值得一再回味的绘本啊，在儿子即将高飞的日子里，那些阅读、交流和体味，带给我们母子的，何止是轻松、快慰和亲情。

很多绘本是专供0到4岁孩子与父母共读的。

随着那些书，我们一起找回了曾经丢失的童年。往事已矣，来者可追，毕竟我们是幸运的。

常态的儿童和常态的成人都在不断生长。他们之间的区别不是生长和不生长的区别，而是各有适合于不同情况的不同的生长方式。关于专门应付特殊的科学和经济问题的能力的发展，我们可以说，儿童应该向成人方面发展。关于同情的好奇心，不偏不倚的敏感性和坦荡的胸怀，我们可以说，成人应该像儿童一样生长。

已经被激发的儿童阅读的兴趣，在一定程度上抑制了我曾引以为荣的钻研功夫；现在的我，一样引以为荣。因为我拥有了可靠又可爱的新教师——儿童。

面对儿童，作为教师的我，心态正从"比较的观点"转向"内在的观点"。这是一个永无止境的过程，这意味着，教师生长的天地够开阔。

童年曾经失却，当我努力内在于儿童的时候，其实也就内在于自己了。

五、现在，全部意义的起点和归宿

> 因为生长是生活的特征，所以教育就是不断生长；在它自身以外没有别的目的。
>
> 教育的过程是一个继续不断的生长过程，在生长的每个阶段，都以增加生长的能力为其目的。

这就是杜威的教育无目的论或教育即生长论。在第五章《预备、展开和形式训练》里，杜威将"教育即生长"的概念和当时盛行的三种观点做了鲜明对比。

1. 教育即预备。

这种观点认为：教育乃是一种预备的过程，所预备的是成人生活的种种职责和权利——儿童生活的本身没有什么意义。

杜威以为，建立在"预备论"基础之上的教育，将导致四种不良后果：第一，丧失原动力。其实，不仅是"生活在现在"的儿童，即便是成人，若要促其行动，来自当下的刺激和需要也是最具动力的。第二，相比于"现在"，为一个模糊的未来而努力，将使人的行动变得拖延迟疑，从而使环境的教育效果和个人的生长机会受到损失。第三，评价时，用传统的、一般的期待和要求替代受教育者个人的特殊能力的标准。第四,遥远而模糊的未来,不能激发孩子的行动欲望。为此,就必须借助于外来的快乐和痛苦作为实现教育目的的手段——诱骗和威胁于是通行。

2. 教育即展开。

主张"展开说"的人认为:发展并非继续不断的生长,发展是潜在的能力朝着特定的目标展开。作为过渡性质的发展和进步,其本身没有什么意义,只有被看作离开现在正在进行的事情向某种东西的运动时才有意义。生长是向着完善的人的运动,最后的理想是完美无缺、固定不变的。站在终极理想的位置看,个人现在一切的机会和能力都是没有意义的。从逻辑上说,"展开说"其实是"预备说"的变种。两者的区别在于:"预备说"重视青年正在准备的实际和专业的职责,而"展开说"则提到正在展开的原则所具有的理想的精神的特征。

3. 教育即官能的训练。

这种观点认为:人有未经训练的种种能力存在,教育应当创造使人成功的特殊才能。这种见解使教师制定教学技术的工作比较容易,所需要的就是给每一种能力以足够的练习。这种练习就是使学生反复运用他的注意、观察、记忆等能力,把许多动作按难易分成等级,使每一组动作比前一组的重复动作复杂一些,一个完整的教学方案就产生了。

由于形式训练说在当时颇具实力,风行一时,所以杜威从五个方面对其进行质疑。第一,是否存在观察、回忆、决心、思维等假定的原始官能,是否有这些现成的能力等待训练。第二,我们对原始的冲动性活动的训练,是否就像练习强化肌肉一样,可以通过练习而得以精练和完善。第三,反应和刺激的相互适应愈加专门化,所获得的训练就愈加刻板,愈加不易普遍应用,训练所具有的理智的或教育的性质就越少。第四,形式训练说赖以建立的二元论基础是荒谬的。二元论把人的活动和能力与所用材料分离开来。第五,像观察、回忆、判断、审美等能力,都是天赋的主动倾向运用某些材料的有组织的结果。一个人不能通过按一个按钮使观察的官能开始活动,即人不能通过"愿意"观察，但是，当他有某件事情必须要做，而这件事情只有通过集中和广泛地使用眼和手才能顺利完成，那么他自然会去观察。观察能力是感觉器官和材料相互作用的产物，观察力将随着所用材料的不同而不同。

个人以为：预备说、展开说和形式训练说其实是相通的，它们的实质都在于"预备"。不约而同地，它们蔑视儿童生活，即现在的意义，把目光投向遥远、美好因而也是模糊和缺乏生机与动力的未来。在不同的学说里，这个未来分别被叫作成人的职责和权利、完善的人、训练从而获得的各种能力。也就是说，始终有一个外在于教育、超越于教育之上的教育目的在。不仅儿童现在的生活没有实际的和终极的意义，连生长和发展的本身也仅是一种过渡——目的在将来。

杜威并非一概反对为将来做准备，他也不同意卢梭不顾社会、放任自流的率性发展观。只是他以为：作为生长的教育，如果要尽可能发挥环境的教育可能性和个人所蕴含着的生长可能性，必须循序渐进地实现现在的可能性，从而使个人更适应于应付后来的要求。

现在是过去的未来，未来是正在到来的现在。眼睛盯着未来的人，其未来恰是虚无的，因为当现在的意义遭漠视，未来所立足的地面也塌陷了。

反过来，唯有现在丰富、生动、连贯地展开，人才可能真真实实地拥有鲜活而美好的未来。想起从朋友那里听来的一句话，据说是罗素说的教育的目的何在？教育的目的在于使人拥有幸福人生。

心为之怦然，就像第一次读到：教育是迷恋他人成长的事业。

个人以为，幸福是寸心自知的个人体验，既丰富多彩又美妙深邃。关于幸福，第一要紧的是你是否拥有过，第二要紧的是你在多大程度、多少个时刻里拥有。

无所谓过去、现在和将来。

下面这段话是平和理智的，也是充满感情的。你若深深为其打动了，说明你除了拥有清明的理性，还拥有对儿童、对现在也即对真实的、歌唱着流向前方的生活的挚爱：

生长并不是有空的时候能够完成的东西；生长是不断地通向未来。如果校内和校外的环境能提供适当地利用儿童现在的能力的条件，那么从现在产生出来的未来是肯定能得到照顾的。把教育看作为将来作预备，错误不在强调为未来的需要作预备，而在把预备将来作为现在努力的主要动力。为不断发展的生活作预备的需要是巨大的，因此，应该把全副精力一心用于使现在的经验尽量丰富，尽量有意义，这是绝对重要的。于是，随着现在于不知不觉中进入未来，未来也就被照顾到了。

六、副产品，副产品

到目前为止，在已经读过的第五章《预备、展开和形式训练》，第六章《保守的教育和进步的教育》，第七章《教育中的民主概念》，第八章《教育的目的》，第九章《自然发展和社会效率作为教育目的》五个章节里，杜威不厌其烦地论述他的教育无目的论。而民主社会，则是使无目的的教育得以实现的理想社会。

看得出，"民主社会"和"无目的"是贯穿全书的中心议题，只是各章比较对象和立论角度不同而已。

在第九章中，杜威对另外三种"目的论"进行了分析，指出了三者之间的冲突和对立，其实也就是找到了三者之间的互补关系，从而找到了将三种目的加以丰富完善，使它们接近于"无目的"的途径。

我喜欢这种境界开阔、公允理智且富于想象的分析。读这样的文字，所受教益，将大大超越"提升教育理论素养"之一隅。其实，这也是在接受学术规范和科学素养的训练——用作者的话说，这样的训练，是具有"普通意义"的训练。先看卢梭的"自然发展"论，这也是作者着墨最多的。

"自然发展"论的真理性在于四个方面。

一、反抗学校教育的因袭性和人造性。卢梭指出我们接受教育的三个来源——自然、人和事物，从而提醒教育者看见一个重要的教育资源：人与生俱来的自然能力和倾向，尤其是人体器官的构造及其功能性活动。

二、把自然发展作为教育目的，就使成人特别注意儿童身体器官和健康的重要性——先强身体，后练心智。

三、高度重视儿童之间的个别差异。"每个人生来具有特异的气质……我们往往不加区别，使具有不同爱好的儿童从事同样的练习；他们的教育毁灭特殊的爱好，留下死板的、千篇一律的东西。所以，在我们消耗阻碍儿童真正的天赋的努力之后，我们用来代替的短命的和虚构的才华化为乌有，而且我们所扼杀的儿童的天赋能力也不能复活。"基于这种认识，卢梭之后的裴斯泰洛齐和福禄培尔提出"生长的不规则性"：各种教育方法，面对天赋能力的巨大差异，必须认识到生长中自然的、不平衡的能动价值，并能利用这种不平衡性，宁有参差不齐的无规则性，不要一刀切。这种方法最能遵循身体的自然发展，因而证明是最有效的。

四、认同了第三条，很多教育家所抱的把无限权力归于教育的倾向就显示出其偏颇。"教育万能"的理论假设是：各人原来的心智、理性和理解，其实都是相同的，这表明各人在本质上是平等的，平等的教育能够把人们培养到相同的水平。遵循自然发展的学说就意味着：尽管教养、矫治和通过直接的教育努力而进行改造有它们的重要性，但是自然或者不学而能的能力为这种教养提供了基础和根本的力量。

"自然发展"的荒谬之处在于：面对自然提供的教育来源，卢梭将应当充分利用的东西错当成了教育目的。延展一下，就能得出这样的结论：人生来拥有的发音器官、听觉器官及其功能，能够依靠自身发展出完善的语言能力——成人不仅要接受儿童的咿呀吵闹，把它作为清晰语言发展的开端，而且要作为语言教学的标准。

使"自然发展"臻于完善的做法是：重视儿童各不相同的本能倾向。使可取的倾向性获得适当的环境，使它们保持活跃，使它们控制其他倾向的方向，使那些没有什么结果的倾向因不用而废弃。

如此，自然发展和社会需要就达成了统一。

再看对立于"自然发展"论的"社会效率"论。这种学说认为：

教育的任务恰恰就在于提供自然所不能获得的东西，即个人习惯服从于社会控制，天赋能力服从于社会准则。

很显然，如果汲取"自然发展"的真理性因素，使社会效率的取得不是通过消极地限制个人天赋能力，而是积极地利用个人的天赋能力，去做具有社会意义的事情，这个学说就更确切了。

以社会效率为教育目的，是随工业社会的来临而出现的观点。

在那个社会重视物质生产，学校重视学生将来能否谋得理想职业的工业时代，杜威提醒人们：

一、社会的发展将使职业的稳定性大受冲击，过分专门的职业训练，不仅不能达到目的，而且可能使这些人比那些没有受过专门训练的人更缺乏适应能力。

二、社会效率就是平等参与授受经验的能力。这种能力，包括使个人自己的经验对别人更有价值，以及使他能更加有效地参与别人有价值的经验的能力、创作和欣赏艺术的能力、娱乐的能力、有意义地利用闲暇的能力。过分重视实用，把效率的概念理解得过于狭隘，将排除科学发现的可能，因为科学家往往容易被看成空想家——完全缺乏社会效率。

三、如果社会效率局限于通过外表行为的服务，将忽略效率的主要成分：明智的同情心或善意。同情心作为一种良好的品质，不单纯是一种感情，还是一种富有素养的想象力，使我们能想到人类共同的事情，反抗那些无谓地分裂人们的东西。

最后看"文化目的"论。

文化至少是某种有素养的东西，某种成熟的东西；文化也是个人的东西。文化不断扩大一个人对事物意义的理解的范围。如果自然等同于粗野，文化就和自然发展对立。如果效率是狭隘的行为，而不是活动的精神和意义，那么文化就和效率对立。

是那些不能测验的东西，使人成为个人。当我们致力于发展个人特异的品质时，就形成了特异的人格，并对社会服务做出更大贡献，这种个人的贡献超出物质商品数量上的供应。一个社会，除非构成它的各个成员具有良好的个人品质，否则有什么值得为它服务的呢？

如果我们仅用有形的外部产品来度量效率，而不是用获得有价值的经验来度量效率，那么效率就变成僵死的物质主义了。产品只是教育的副产品。

无论何人，如果不知道他所创造的产品或提供的服务只是具有内在价值的经验过程的副产品，那么，他就没有领会他的职业。

所以，发展文化和形成独立人格，就是谋求真正的社会效率，也是实现真正的自然发展。

以上内容，大部分由第九章文字连缀而成。

其实，很多地方都可以停下来，结合自己的经验，谈谈感想，那样，就更像读后感了。

一则，值得停下来的地方太多。

二则，想对本章有个较为完整的消化吸收，所以敲出这篇文摘。

关于副产品，我想说的是：如果目标仅在于让孩子学好语文、热爱读书，让家长及朋友认同、敬佩、支持我，而我没有可以超越其上的丰富深刻的个人体验，那么，我就没有充分领会我所从事的这份职业。

外人可以看见、可以悟到的，都是副产品。更有价值的收获，存乎一心，如火苗一样照亮来路和前程。同理，这篇读书笔记，是于阅读中体验到的亲切、豁朗之感的副产品。

七、一盎司经验胜过一吨理论

本文由第十一章《经验和思维》、第十二章《教育中的思维》、第十三章《方法的性质》中那些重要的、有着内在联系的论述连缀而成。

对我来说，阅读这三章的总体收获就是：破除了源于将经验与思维、方法与材料、身体与心理二元对立而带来的偏见。从小到大所受的"一分为二"的教育所造成的心智分裂，有了弥合的快乐。

当然，之所以有此热烈认同，之所以愿意把整整三章按照个人以为的内在完整性做梳理归纳，归根到底，是因为这些理论得到了个人经验的证实。

"这些还要杜威告诉你？这不是我们早就知道的吗？"朋友的反应，让我很失落。

一转眼，我就高兴了。

因为杜威说过：我们有时说起独创性的科学研究，似乎这是科学家的特权，或者至少也是研究生的特权。但是一切思维都是科研，一切研究即便在旁人看来，已经知道他在寻找什么，但对从事研究的人来说，都是具有独创性的。

经验包含一个主动的因素和一个被动的因素。在主动方面，经验就是尝试；在被动方面，经验就是承受结果。

一方面，单纯活动，并不构成经验。这样的活动只是分散的、有离心作用的、消耗性的活动。盲目的和任性的冲动，使我们急急忙忙、漫不经心地从一事改做另一事。出现这种情况，事事都是昙花一现，丝毫没有生长的积累。有了生长的积累，经验才具有生命力。另一方面，我们碰到很多使人感到快乐和痛苦的事情，但是并没有和过去的活动联系起来，对我们来说，它们只是偶然的事情。这种经验既无回顾，又无展望，即没有包含思维的因素在里面，因此它是没有意义的。

所谓思维或反思，就是识别我们所尝试的事情和所发生的结果之间的关系。没有思维便不可能产生有意义的经验。思维就是把我们经验中的智慧的要素明显地表现出来。它使我们的行动有目标。

任何思维过程的出发点都是正在进行中的事情，这种事情，就它的现状来看，是不完全的，或是未完成的。这种事情的要害、意义就在于它将会是什么结果，怎样产生这种结果。

反思也指对于事件结局的关注，把自己的命运和事件进程的结果富有同情地、戏剧地看作一件事。人类天性具有明显的派性偏见，这证明我们具有一种强烈的倾向。一个对结果完全漠不关心的人，不会注意或者根本不会考虑正在发生的事情。思维的发生依靠对于事情的结果有一种参与其事的感觉——思维发生于偏私，但要完成思维的任务，必须具有一定的超脱的、不偏不倚的态度。

哪里有反思，哪里就有悬而未决的事。思维的目的就是帮助得出一个结论，根据已知的情况，设计一个可能的结局，提出假设性的结论和试验性的结果。如果没有思维，没有这种根据情境随时修改甚至推翻的假设性的结论和试验性的结果的指导，科学只能有缓慢而偶然的进步。

尽管一切思维的结果都归结为知识，但知识的价值最终还是服从它在思维中的应用。因为我们并非生活在一个固定不变的和完结了的世界中，而是生活在一个向前发展的世界中。在这个世界上，我们的主要任务是展望未来，而回顾过去——一切知识和思想不同，它是回顾过去的——它的价值在于使我们可靠地、安全地和有效地去应付未来。

知识之所以有价值，是因为它是一种资料，是进一步探究的资本。当知识被视为目的本身的时候，这种教育不仅放弃了培养思维的机会，而且扼杀了思维的发展。在乱糟糟的堆满废弃破烂的场地上，没有人能建造房屋。学生的大脑里装满各种各样从来不用的知识，当他们要思考的时候，必然受到障碍。因为他们没有做过选择材料进行建造的练习。

发展中的经验就是思维，思维的开始阶段就是经验。为此，必须有一个实际的经验情境作为思维的开始阶段——尝试做一件事，承受事情的结果，从而开始思考，使事情再做的时候，有更好的结果。我们常犯的一个错误就是：急于想不"浪费时间"，使学生掌握理智上的成就，因而我们往往忽略或者减少学生对于熟悉的经验材料的不够成熟的运用，而立即把他们引进表现成人理智上的成就的材料中。但是，一个人无论在什么年龄，接触任何新材料的第一阶段不可避免地总是属于尝试错误的性质。他必须在游戏或工作中实际利用材料，试做一件什么事，进行他自己的冲动所引起的活动，然后注意他的力量和他所用材料的力量之间的相互作用。一个儿童开始玩积木的时候是这样，一个科学家在实验室里开始使用不熟悉的材料做实验的时候，也是这样。

正规教育中永远成功的教学方法之所以有效，全靠它们返回到校外日常生活中引起学生思维的情境。他们给学生一些事情去做，不是给他们一些东西去学；而做事又是属于这样的性质，要求进行思维或者有意识地注意事物的联系，结果他们自然地学到了一些东西。

思想、观念不可能以观念的形式从一个人传给另一个人，当一个人把观念告诉别人的时候，对于听见的人来说，不再是观念，而是一个已知的事实。我们能够向学生提供数以千计的现成的观念，但是我们并没有尽力使学生在有意义的情境中学习。在这种情境中，他们自己的活动能产生观念，证实观念，坚守观念，即觉察到事物的意义或者联系。在这种共同参与的活动中，教师也是一个学习者。总的看来，无论教师还是学生，愈少意识到自己在那里施教或受教就愈好。

如果教材不能使冲动和习惯取得有意义的结果，这种教材就只不过是专供人学习的东西而已。这种情况最难唤起学生活跃和专心致志的反应。正如战争中，正面袭击是最消耗军力的。

要创造一种条件，使获得一个观念就等于得到一次经验，扩大我们和环境的接触，并使接触更加精确，实在是一件不容易的事情。但我们必须记住：思想在实际情境中运用之前，缺乏充分的意义和现实性。只有应用才能检验思想，只有通过检验才能使思想具有充分的意义和现实性。

普遍存在的事实是：对于一些学生来说，教材的现实性就在于应付课堂问答和考试，这种教材对于日常生活毫无作用。这种情况产生两种不良后果：一是平常的经验得不到应有的营养，这种经验并不因为学习而更加丰富；二是因为这些学生习惯于对教材的一知半解和生吞活剥，把这种知识装到脑子里去，养成一种态度，削弱了思想的效率和活力。

方法就是安排教材，使教材得到最有效的利用。方法从来不是材料以外的东西。方法和材料之间没有界限。正如有机体的器官是食物存在的自然界的一个连续的部分一样，看、听、爱、想象等能力也是和自然界的材料有内在联系的。这些能力与其说是作用于事物的独立的动作，不如说是环境介入经验而在经验中起作用的途径。

虽然在实际的行走、吃和学习之外，没有关于行走的方法、吃的方法或者学习的方法，但是，动作中有某种要素，这些要素乃是更有效控制动作的关键。要特别注意这些要素，使这些要素更加明显，便于认识，而使其他要素暂时退居次要地位。如果可能，我们还要创造一些因素、改变一些因素，这样就能比较成功地获得经验。

为此，我们就要学习前人摸索出来的一般方法。

即便如此，我们仍然要牢记：别人在类似的事例中所采用的标准化的或者一般化的方法，特别是那些专家所使用的方法，这些方法的提出有价值还是有害，要看它们使人做出个人反应的时候是更加明智，还是诱使他不去使用自己的判断。

无论什么事情，一个人必须自己做出反应。

采用一般方法，不顾自己的常识，不了解必须应对的具体情境，这些方法比没有还糟。但是，如果他获得了这些方法，在估量个人经验的需要、办法和困难时，在思想上有所帮助，那么这些方法就有了建设性的价值。

一盎司经验之所以胜过一吨理论，只是因为只有在经验中，任何理论才具有充满活力和可以证实的意义。一种经验，一种非常微薄的经验能够产生和包含任何分量的理论，但是离开经验的理论，甚至不能肯定被理解为理论。这样的理论往往变成一种书面公式，一些流行话，使我们思考或者真正建立理论成为不必需，而且是不可能的。

八、当风之驴

大家都好辛苦，一件接一件，总有做不完的事情。一边是琐碎的忙碌，一边是童书激起的宝贵而干净的快乐。要在这样的缝隙里啃杜威，真是需要钢铁般的毅力。

今天读到了第二十二章《个人和世界》。此前数章，都在回顾对教育产生影响的各派哲学。如果不是有《苏菲的世界》《哲学的故事》《课程理论——课程的基础、原理与问题》做底子，要想两遍读懂几乎是不可能的。即便如此，我也知道，关于各色二元对立的来龙去脉，我也是今天知了明天忘。

而且这些辽远空阔的哲学追溯,对于一个小学教师的工作实践,很难给予什么直接的启发。

然而,就是这份当时豁朗清明的快乐,诱惑着我,吭哧吭哧读了下来——两个月,12月10日之前,定能掩卷。

因为兴尽,因为疲倦,也因为对于苏格拉底、柏拉图、亚里士多德、洛克、爱尔维修、笛卡儿们的思想,除了强记和苦解,实在无力发出自己的语言。当时读谁,觉得谁有理——随历史顺流而下的我,实在不好意思站在"今天",强做解人。

这样的阅读和学习,用杜威的话说,不能获得根深蒂固的观念。

但是,很快乐,快乐就在过程中。

为求知的求知——也是杜威说的,这种没有外在目的的教育,是理想状态和普遍意义上的教育。还有五章,我会心平气和地读完。细嚼慢咽,绝不虎头蛇尾,哪怕朝觉夕迷。

春风过驴耳,这是人类对一种笨人的嘲笑。可是对于驴子而言,春风过耳的那一瞬,快乐是真实、可贵和难以忘怀的。有和没有,天差地别。

九、冬阳、海风、沁人心脾的阅读

入冬以来,气温第一次降到0℃。

一夜大风,天亮了,天也晴了。

这是星期日的上午。累积数日的灰尘已经洒扫。如此明净、悠然的时刻里,坐在儿子的书桌前,如同沐浴在冬阳下,感觉干净而温暖。

第二十三章《教育与职业》,是对第十五章至二十二章讨论的总结。作者以为,此前讨论过的种种对立,如劳动与闲暇的对立,理论与实践的对立,身体与精神的对立,心理状态与物质世界的对立——它们最终都表现为职业教育与文化修养的对立。三节文字里,作者分析对立的历史成因,探讨随工业时代而来的改变机遇。

相比于前八章,作为总结的这一章显得开阔、清浅而又温馨。很多次,我不由自主地停下,想到自己,想到志同道合的好朋友,想到亲爱的儿子。

6月底，当儿子确定了学国际会计专业，是读上海财经大学，还是读南开大学的国际商学院？一家人颇费了踌躇，最后报了南开的一个原因是：教学实力不相上下的同一专业，我们希望孩子就读于综合性大学。这样，大学四年中，他就可能因为环境的原因具有相对开阔的视野，以及由此而来的对于生活的相对丰富的感受力，对于社会变化的相对灵敏的反应力。

"儿子，对你所读的专业，妈妈可谓一窍不通。能说的就是，希望你无论如何要读一读顾准和关于顾准的书籍。我不希望你仅仅是一个好的高级白领——正如妈妈不想做一个工作狂。"

国庆期间，儿子回来了。他告诉我："马哲（马克思主义哲学）课上，什么苏格拉底、笛卡儿的，很少有人像我听得津津有味！好多同学都觉得奇怪。"

在冬天，当阳光无声地照耀到你的身体，再怎么沉闷劳累的人，也很难不抬眼看看外面的世界，于是有一个闪亮的笑窝打着旋儿地由眸子飘落心头。我以为11月30日之后再也不会写什么了，可是，当一种阳光随着另一种阳光照临，让你感觉沁透心脾的时候，真的很难克制不给自己写些什么，不跟朋友说些什么。

> 职业是唯一能使个人的特异才能和他的社会服务取得平衡的事情。找出一个人适宜做的事业并且获得实行的机会，这是幸福的关键。天下最可悲的事，莫过于一个人不能发现一生的真正事业，或未能发现他已随波逐流或为环境所迫陷入了不合志趣的职业。所谓通当的职业，不过是说一个人的能力倾向得到适当的运用，工作时能最少摩擦，得到最大的满足。对社会其他成员来说，这种适当的行动当然意味着他们得到这个人所能提供的最好的服务。

在我们年轻的时候，所受的教育是"服从组织分配""响应人民召唤""干一行爱一行""工作绝不挑肥拣瘦"……相比之下，倒是一种更为老式的表述更能传达出这种职业观的精髓："我是党的一块砖，哪里需要哪里搬。"

在柏拉图看来，一切被别人当作手段以达到自己目的的人，都是奴隶。杜威则以为：不能在工作中发挥自己的特长的人，在某种程度上，如奴隶一样地活着。

我以为，对于教师这份职业来说，仅有对于伟大事业的忠诚和民族未来的关注是不够的。必须使事业成为私活儿，做事更多是出于个人内在的必需，而不是外在的要求。然后，服从于这种强烈而深刻的内在必需，才可能从"有意义地活着"的动机出发，于不知不觉中，像磁铁一样搜集一切有关的资料，保存起来，并在行动中根据需要进行不间断的重新组织、调整和利用，如同小草对于阳光、空气、水分和土壤的吸收。

只有这样，工作才可能是开阔和富有生机的；只有这样，生活才可能是充满意义的。当个体生命的价值在职业中得到实现的时候，他所提供的社会服务，必因其间蕴含着的人性的光彩而熠熠生辉。

艺术家作为一个人的职业，只是他许多职业活动中特别专门的一个方面，所以，他在艺术活动中的效率，从人文的效率意义上讲，决定于它和其他许多职务的关系。一个艺术家的艺术才能，如果不只是技术上的成就，他就必须有经验，他必须生活。他不可能在他的艺术中找到艺术活动的题材；这种题材必须是他在别的关系中所受痛苦和所享快乐的反映——这要靠他对各种兴趣提高警觉，富于同情。对于一个艺术家是这样，对于任何其他专门职业也是这样。按一般习惯原理，无疑有一种倾向，即所有特异的职业都会变得过分强调它的专门化的一面，过于排斥一切，而全神贯注于它的一个方面。这就是说，注重技能或技术方法，而牺牲所包含的意义。因此，教育的任务不是要助长这种倾向，而是要预防这种倾向，使科学研究工作者不仅是科学家，教师不仅是教书匠，牧师不仅是穿着牧师服装的人，等等。

最珍贵的源泉

——读《教学勇气——漫步教师心灵》

帕克·帕尔默，美国著名作家、教师、活动家。他的《教学勇气——漫步教师心灵》是我读过的第 11 本教育理论。

啃《民主主义与教育》的两个月，是多么艰辛而愉悦的两个月啊！生吞活剥，一知半解，疲倦而又满足，强力撑展的快乐充盈着我。我以为：有很长一段时间，自己是不会再读教育理论了，除非文笔清新鲜活，犹如亲切诚恳的漫谈，然而亲切绝不意味着肤浅。《教学勇气——漫步教师心灵》吸引我的另一个原因在于帕克·帕尔默认定：人的心灵是值得万分珍惜的教学之源；强调教师唯有立足于自己的内心世界，才可能和外部环境实现完美和谐的交织，从而生成优质教学。

萧玲说："之所以挑选了这一本给你，就因为你是一个高度自我的教师。做到这一点，既需勇气，更需实力。"11 本中，这一本读得最快。然而，快速绝不意味着敷衍；收获，也远不止源于"勇气和实力"的自我意识得到了支持。12 月 16 日到 19 日，读《教学勇气——漫步教师心灵》的四天，是阳光灿烂、寒气凛冽的四天。行在路上，行在书中，内外的阳光一样纯净明澈；风激人面，更激活了阅读带来的灵醒和愉悦。好一个畅快淋漓的美妙冬日。

一、源于真我的优质教学

学术界尽管声称重视多元认识途径，其实只尊重一种认识途径——一种以"脱离我们的自我"为代价，将我们带入"真实"世界的"客观"认识途径。

在这种文化中，客观的事实被认为是纯粹的，而主观感受是需要被怀疑的，是有瑕疵的。在这种文化中，自我不是有待开发的资源，而是需要规避的风险；不是有待实现的潜能，而是需要克服的障碍。在这种文化中,那种脱离自我的病理学报告会被作为学术道德的典范,得到很高的赞誉和奖励。

（引自《教学勇气——漫步教师心灵》,以下凡引此书,不再注明出处,只以仿宋体显示）

在很多情况下,在很多人看来,自我意味着自大,注重内心意味着无视客观。为了显得谦逊与合乎规范,为了避免暴露自己遭受伤害,教师在教学中尽量弱化"自我"的色彩,尽量与自己的内心分离。

当教师不能抵御"客观公允""普遍适应"的诱惑,抛弃自我、背离内心的时候,就很容易把教学中的每一个问题都转化为需要解决的外部客观问题。这样一来,一个显而易见的结果就是:越来越多的教师只钟情于追逐和掌握技巧,却不关注学生的灵魂。

教育的真谛在于以心感动心。关注、滋养学生心灵的前提,是教师发掘、拓展、守护、滋养自己的心灵。当我们把教学仅仅局限于技术的层面,被迫认同一种被时尚捧到天上的方法和技术的时候,我们的秉性和天赋必定被硬性塞进一个冰冷的、规格统一的铁框。这种分离、屈从、自我贬低和自我扭曲带来的痛苦是深刻而长久的——偏离自己的个性,不问适合与否地追逐众人、权威或者专家以为的程序和规范,一个人就与自己的根基分离。处于分裂状态的人,他的内心一直在打内战,这种内在的冲突势必投射到外部世界,于是,他的教学就成了一场漫长的消耗战。遭受痛苦的,除了失去自我的教师本人,还有他的学生和同事。

真正好的教学不能降低到技术层面,真正好的教学来自教师的自身认同与完整。

帕克·帕尔默请学生描述他们的好教师的故事。通过倾听那些故事,帕克·帕尔默知道所有好的教师不可能使用相同的教学技巧:有的满堂灌,有的惜字如金,有的谨循材料,有的天马行空,有的擅长内功,有的偏爱硬功——各秉其性,各行其是。

在帕克·帕尔默的成长历程中,对他发生深刻影响的那位导师,似乎打破了优秀教学的每一条"规则":他总在富于激情地讲述,不给学生留一点提问和评论的时间。导师在课堂上基本是独角戏,学生只有扮演听众的份儿。然而,帕克·帕尔默被强烈地吸引,一生因之而改变。

原因何在?

站在已经取得共识的诸多"好规则""好程序"的角度看,这位导师的教学风格是专横跋扈的。然而,正因其所谓目中无人的一言堂,导师那非凡的"充分表达思想"的天分,才得以展示到极致。

在帕克·帕尔默看来,导师的讲授不单呈现了社会理论的信息,同时也化身为社会思想的舞台。除了解释思想,他还讲述思想家的生平故事。这样,学生不仅与思想家本人建立联系,也跟激发他思想的个人和社会背景建立了关系。

这是怎样一种让人迷恋并深深敬畏的引人入胜和扣动心弦。由于导师一人之力的演绎,学生看见:人类伟大思想的产生和发展,其曲折、精彩、惊险、迷人,不亚于任何物质层面的绝地探险。导师展示给学生的,就是这样一幕幕上演在人类精神领域的优秀戏剧。

何止是陶醉!坐在这样的课堂,学生不由自主会被带进紧张的学习和思考中;这样的学习和思考又必定在不知不觉中影响了学生的发展——并不需要显性的互动。

正如那些静默的阅读,那些与人物同歌同泣的观剧,读者和观众并不需要参与写作和表演,也一样受到潜在而深刻的陶冶。

后来,帕克·帕尔默终于明白:导师和思想家们的关系远比和身边人的关系更为密切。想想也是,当一个人整天和马克思、黑格尔、涂尔干、韦伯……为伴的时候,谁还需要一群20来岁的小伙子?

然而,导师热切地关怀着他的学生,真诚地希望学生能随时伴随着他的智慧和想象力相遇和学习。而他,就是在以一种深切结合了本身气质的方式,把学问教给了学生,也把求索的快乐和欲望传给了学生,因为他并不只是一个讲述者,导师往往对往昔的思想和思想家提出自己独到的看法。

导师的授课，激活了帕克·帕尔默身上处于休眠状态的自身认同。他对自己说："我也有这种天分。"由此而起的认同，令他满怀着实现自己的激情，走向教师的岗位。

在教学生涯的早期，帕克·帕尔默拼命模仿导师的滔滔不绝，直到意识到自己廉价的模仿不能吸引学生——导师口若悬河的魅力，既来自他的学识渊博，更来自这种方式和他个性的深刻契合。

于是，帕克·帕尔默开始寻找与自己的本性更为契合的教学方式——正如导师的教学方式契合导师的本性一样。最终，立足真我的帕克·帕尔默，经由职业实现了自身认同和自身完整。用他自己喜欢的比喻来说，就是在教学中扮演"牧羊犬"的角色，进而形成自己的思想，成为自己思想的有力传播者。

权力是外部赋予的，而威信是发自内心的。

权威、威信来自教师的内心生命。从威信这个词本身的词义来看，原创是其核心内涵。权威、威信赋予那些被认为是原创自己的语言、自己的行动和自己的生活的原创者，而不是照本宣科地扮演远远疏离于他们自己心灵的角色。一旦教师靠法律或技术的强制力量过活，他们就无权威、威信可言了。

二、"我总会有恐惧"

坚信真理是只有通过把我们自己、把我们的身心与我们要认识的事物分离才能获得的东西；主观的可怕不仅因为它污染了事物的客观纯洁性，而且因为它在事物和我们之间创造了联系，这种联系也具有污染性。所以，好的教学应当尽量追求客观纯洁性，尽量摒弃个人主观因素对方法和过程的污染——这是客观主义学术文化的主要观点。

此外，我们被一种隔离师生的等级系统所分离，被学科分门别类的知识领域所分离，被师生都须提防的同辈竞争所分离，被一种使得教师和管理者意见分歧的官僚主义所分离。

这些都是造成教师和自己内心分离的外在原因。

帕克·帕尔默以为，如果仅有学术文化和教育制度的束缚和压迫，如果这种束缚和压迫没有取得教师内心的同意，分离的现象还是不会发生。

假如这种外部的教育结构不是植根于最压迫我们内心世界的特征之一——恐惧，就根本没有力量将我们分离得如此之深。

走进教室的教师是恐惧的。恐惧显得笨拙，恐惧暴露贫乏，恐惧遭遇陌生的问题，恐惧难以收场，恐惧让学生看穿自己无力帮助所有学生进行有效的学习。

坐在教室里的学生是恐惧的。恐惧失败，恐惧出丑，恐惧暴露无知，恐惧被拖进想回避的问题，恐惧自己的偏见受到挑战。

与学生的正面交锋，其实是与教师内在的、真实的自我的交锋。交锋是可怕的，交锋意味着自己的弱点暴露无遗，交锋意味着可能受到无可挽回的挫败。而制度恰巧是不要求、不提倡交锋的，制度只需要师生交出合格的测评成绩。这样，我们就在制度的庇护之下，找到了避免直接交锋的方法：教师躲在讲台、资历证书和权力的背后照本宣科；学生躲在课桌、教材和笔记本的背后保持沉默。

躲在学科客观性的背后——学生说："不要让我思考，只给我事实。"教师说："这些是事实，不用思考，直接记住就行了。"当教师的恐惧和学生的恐惧混合在一起的时候，恐惧以几何级数递增，真正的教育就瘫痪了。

在充分分析恐惧与分离的关系之后，帕克·帕尔默告诫我们：不要害怕——首先不要害怕的，就是我们内心的恐惧。

因为恐惧也可以是健康的。如果我们懂得怎样去面对恐惧、破除恐惧，很多恐惧就会帮助我们学习和成长。过分安全和舒适的感觉，只能让人画地为牢、裹足不前。

当帕克·帕尔默还是一个年轻教师时，他就热切地盼望有那么一天：自己对教学了如指掌，自己是如此称职，如此的富于经验和力量，走进任何教室都不再有害怕的感觉。可是，直到写作《教学勇气——漫步教师心灵》，年近60岁的帕克·帕尔默终于明白：

> 那一天永远不会到来。我总会有恐惧，但我不必置身心于我的恐惧之中——因为在我的内心世界景观中还有我表达和行动的天地。……我可以在好奇、希望、同感或诚实这些与我内心的恐惧一样真实的感受中教学。我可以有恐惧，但我不必置身心于恐惧之中——只要我愿意立足于我内心世界景观中的其他天地而教学。

是的，避免交锋，躲在讲台、资历证书和权力的后面是安全的，然而，这是一种停滞、封闭和僵化的安全，随之而来的，是对生命更具侵蚀和窒息作用的疲惫和厌倦。而社会和教育的民主化潮流，正使得这种安全越来越岌岌可危。

无论我们愿不愿意，打开心门，首先是打开教室的门，都是一种不可阻挡的趋势。行动越迟，内心盘踞累积的恐惧，就越有可能彻底吞噬掉我们的教学勇气。

想起上周发生的事情。

萧玲要来校做田野考察，原本打算只进我的教室，只听我的课。

我和几个志同道合的同事一商议，一帮死党二话没说，都做欢迎状。

于是，就按课程表顺序，一年级（一班）、二年级（两个班）、六年级（一班）、九年级（二班）——五个班级、八位教师，从语文、数学到体育，两天10节"公开课"就这样地排下去。

大约这是本校有史以来公开课安排最密集的两天。那两天给来访者、授课人、听课人带来震动的余波，到今天还在激荡。每一个参与的教师都从同行那里看到了自己的不足和亮点。最高兴的，是和我带平行班的严老师，因为她发现."两班的差距并非想象的那样巨大！"共事三年以来，严老师所承受的压力（即恐惧），是我不敢想象的。

不仅是一个班级，平行班、同一个办公室的教师乃至于他们所带的班级，也是一个有机整体。如果大家携手并肩，直面恐惧，战胜恐惧，推倒以墙壁为象征的筑在教室之间的最顽固的权力壁垒，那么，大家就真正走上了把源于责任感的健康的恐惧化为前进动力的成长之路。

其实，萧玲也是恐惧的：恐惧遭到除我之外的教师的冷遇，恐惧听到作秀课。当她说出了内心的担忧，教师们也坦白了各自的紧张，同时充分表扬了自己的勇敢。

战胜了恐惧，让外人走进自己的家常课堂，这是重要的第一步。余下的，更重要的事情在于：让我们的课堂教学更加向着学生开放，更加向着真实的内在的自己开放。

恐惧在学生的生活中也能扮演积极的角色。当加缪在书中写道"旅行给人的价值就是恐惧"时，他的话非常适合于描述优秀教师与学生共同穿越陌生的真理景观的尝试活动。当我们遇到陌生事物，并且被迫挑战去扩展我们的思维、我们的自身认同和我们的生活时，我们感受到加缪提到的恐惧——这种恐惧让我们知道我们处在真正学习的边沿上。

在课堂上，教师是强者，教师唯有先战胜恐惧，才可以期待学生勇敢地跟上来。这是一条惊险的精神之旅，隐藏着的恐惧有多么深刻而巨大，诱惑和战胜的快乐就有多么深刻而巨大。

三、"拥抱那深层对立的真理"

二元论把包孕了分离内核的思维习惯深深根植于我们：通过分析的透镜看待世界，用非此即彼的观点看待遇到的每一个事物。不是加就是减，不是开就是关，不是白就是黑。总之，我们分离地认识世界。

分离地认识世界，跟远距离地认识世界一样，都曾经给予人类巨大的力量。如果没有二元论的数理逻辑，我们就不会拥有计算机，也不会拥有现代科技赠予的众多礼物。

然而，二元论在给予我们巨大力量的同时，也给了我们一个支离破碎的现实观，摧毁了生活的美妙和完整。非此即彼的思维方式，好比一把利刃，可以帮助人类在征服外部环境的历程中披荆斩棘，也可以在人类面对非逻辑所能覆盖的内部世界时，盲目而冷酷地肢解生活和自己。这时候，人就成了自身思维方式宰割的对象。

论述二元论的不足，不是为了抛弃二元论——那势必陷入另一种非此即彼的窘境，而是为了"全面看待事物"，为了在适当而广阔的领域内坚守二元论的同时，发展一个更为广阔的、支持着优质教学所依赖的联系能力的心智习惯。

诺贝尔奖获得者、物理学家玻尔提出一个基本原理："与真命题相反的是假命题，但是与一个深刻真理相对立的，可能是另一个深刻的真理。"

玻尔以极为恰当的话语，界定了对整体地思考世界很重要的悖论概念：在一定的情况下，发现真理不是靠非此即彼地割裂世界，而是靠既此既彼地拥抱世界；在一定的情况下，真理是表面对立事物的似非而是的联系。如果我们想认识那一真理，我们必须学会把对立事物作为整体来拥抱。

帕克·帕尔默以为：每一个活着的人本身就是一个悖论，呼吸就是一种典型的悖论形式，它需要不断地吸和呼来构成整体。悖论的两极与电池的两极相似：把它们组合在一起，它们就产生生活的能量；把它们分离，电流就会停止流动。当我们分离了生活中含义深刻的相对立的实体中的任何一方，实体双方本身都会变得毫无生气。

最适宜我们的教学空间，是由一系列悖论组成的。教学需要我们拥有比一般意识水平更高的意识水平，当我们被一种创造性的张力所感染的时候，这种意识水平总会被提高。

而悖论，就是这种张力的别称，是整体把握事物对立面的一种方式，是创造某种保持我们警觉的电荷。结合自身特点，总结长期经验，帕克·帕尔默归纳出六个力图融入其教学空间的悖论：

1. 这个空间应该既是有界限又是开放的。

2. 这个空间应该既令人愉快又有些紧张的气氛。

3. 这个空间应该既鼓励个人表达意见，也欢迎团体的意见。

4. 这个空间应该既尊重学生们琐碎的"小故事"，也重视关乎传统与原则的"大故事"。

5. 这个空间应该支持独处并用集体的智慧做充分的支撑。

6. 这个空间应该是沉默和争论并存的。

帕克·帕尔默指出，六对悖论加在一起，就是"理论上完整的教育学"；他却以为，体现了六个悖论的教育学，更像是实践中的教育学。

原因很简单：用以阐述"悖论理论"的理由，全部来自帕克·帕尔默自己的教学实践，而这，也正是《教学勇气——漫步教师心灵》吸引我的根本原因所在。

　　源于实践的理论，是长青之树。大批思考型的普通教师的日常实践，更为理论注入生机与活力。

　　　　通观我们所有的生活，我们都面临调和对立或矛盾的任务，但是从合乎逻辑的思想来看，这些对立或矛盾又是不可调和的……怎么能够使教育的纪律和自由的要求调和呢？实际上，有无数的母亲和教师都在做着这个工作，但是没有一个人能够写出一个解决办法来。他们的做法是这样的：带入一种更高层次的、超越了对立的力量，即爱的力量……如此，有分歧的问题促使我们自己努力提升到高于我们自己的层次；它们既要求又激发来自更高境界的力量，从而就给我们的生活中带来了爱、美、善、真。就是因为有这些更高层次的力量，对立的事物才能在我们的生活环境中得以调和。

这是我代小安拟写的致家长信，这是她的第12封了。全文如下：

家长：

　　您好！

　　不止一个人说：孩子不爱学习、成绩不佳，原因很可能在于这孩子根本不是读书的料。因此，教师和父母应该先搞清楚孩子是不是"这块料"。也就是说，先确定了他是适合读书的，然后再提供帮助。"顺其自然"是儿童成长的最佳状态。

　　教师相信：家长之所以这样说，是因为认识有误，而非推卸责任——想做"孩子进校，百事不管"的甩手派。这里，教师想就此谈一点看法。

　　为什么全世界的儿童都要在大致相同的年龄入学，从"读写算"开始学习大致相同的课程呢？这是因为：在文明社会，在中小学阶段，学校所传授的知识是一个人交流、学习乃至谋生、求职、发展的基础。所以,美国伟大教育家杜威认为这样的说法有道理:"在文明的社会里,不具备阅读能力的人相当于未经开化的野蛮人。"

教师终年和学生打交道,所教班级非止一届,教师比家长更清楚绝大部分孩子不会成为严格意义上的读书人,即以学术研究为谋生手段的人——社会也用不着那么多读书人;在高等教育日益普及的将来,也仍然有一部分学生因家境和学力的原因,无缘接受高等教育。

然而,社会已经步入信息时代,信息时代的一个重要特征就是人与人的竞争很大程度为学习能力的竞争。我们怎能想象一个连起码的读写算能力都不具备的人,可以在未来社会有保障地生活?

教师努力的目的在于:尽可能让每一个孩子因为今天的学习,在将来能够自食其力、终身学习、终身发展,进而因为具备了阅读的兴趣和能力而拥有充实平静的生活。

好逸恶劳是人的本性,更不要说儿童了。六七岁的孩子,谁愿意长时间坐在教室里学习?真正的"顺其自然"是听从儿童意愿,不想读书就不来上学。然而一个无法回避的现实是:无论你和他愿不愿意,孩子都要在学校里度过12年或者是9年的学习生活。比成绩更要紧的是学习态度,而成绩又在很大程度上取决于学习态度。

谁都知道学习是艰辛的,往往是枯燥的。所以,一个热爱学习的孩子往往是一个很早就懂得对生活持负责态度的人,品学兼优就是这个意思;当然,学生中也不乏因为资质和能力倾向的原因,勤勉却不能取得佳绩的孩子,其实他们的努力没有白费,学习过程中所获得的非智力因素的发展,已为他们的将来奠定了良好的基础。谁都知道帮助儿童学习的过程是艰辛的,有时甚至是痛苦的,所以,唯有那些肯付出心力,关注儿童成长的父母才是负责的成人,是教育学意义上的父母,而不仅仅是生物学和法律意义上的父母。

起始学段,儿童都需要成人的帮助。有人需要的多一些,长久一些;有人需要的少一些,成人很快就能放手。当你对于儿童的需要置之不理的时候,教师的努力终因你那边的松懈而事倍功半。这样的孩子,学习大多是好不了的。

父母是孩子的第一教师,当家长对儿童持放任自流的态度的时候,怎能希望孩子是勤勉上进的——不扶自直的孩子确实有,但毕竟太少。

欠佳的成绩和他缺乏责任感的学习态度互为因果,孩子将越来越与我们这个积极上进的集体格格不入。因为在他那里,学习是任性的,负责任是痛苦的。随着年级的增加,学习的任务将越来越重,学习的要求将越来越高,于是,整个学校生活将变得越来越不愉快。

人的心灵是一片田野,不长嘉禾就长野草。随之而来的可能是让教师和家长担忧的种种倾向。

教育从来不是万能的。学生也好,家长也好,教师对自己的希望是:尽力而为,问心无愧。

世界充满竞争,成长充满艰辛。没有一个孩子是自己要求来到这个世界的,称职父母的标准当然不是培养出名牌大学的学生,而是尽力而为,问心无愧。

教师希望学生好,家长更希望孩子好,基于志同道合的出发点,教师宁可响鼓重敲,把话说得严厉一些。

日子一天天地过去,大家都在进步,如果孩子因为教师和家长心力不到而落在后面,使将来的学习越来越困难,我们应当深刻反省。

信件发出后的一周,小安班上每天写一句话的人数就由 16 个增加到 28 个,目前还在增加。

"来信已阅,读罢一种沉甸甸的责任感和任重道远感油然而生,一切的一切我们记在心头。感谢老师的苦心!可有一点:我们缺乏教学经验,想帮助孩子,却无从下手,童蒙难启啊!不像大孩子,你一讲,他立刻就明白了。难，真难，就像磨刀一样，何时才能磨亮啊！"

写下这段话的，就是当初表示"顺其自然"的父亲。小安告诉我，现在，那孩子的学习和表现都有明显进步。

想要教好将近60个人的大班，教师不能不寄希望于家长的帮助；部分家长"不是料子"的想法，也有其深刻根源——回复所蕴含的，就是一种超越了表面对立的更高层次的爱。

一个班级是一个有生命的整体。一个班级的家长也一样，不过相对松散一些。一种消极思想出现了，如果教师不去做工作，就会丢失阵地，削弱生机。很多时候，教育就是一种抗衡，不是东风压倒西风，就是西风压倒东风。原则问题，寸土不让；错误观点，止于苗头。给家长的信的写作，源于个别家长的来信，但既然作为公开信写出来了，就是针对所有父母说的，所以，一定要把话说透，说全。即便个别人仍然无动于衷，但作用必定在其他人那里发生：有的会苏醒，有的更加尽力。当集体获得新的整体性的上升力量的时候，终究会带动下坠者。

一方面，希望信件能唤醒对方；另一方面，即便不能，也会一如既往做好认定该做的一切。因为我们相信：日积月累的努力迟早会得到回报。而且准备着受挫的感觉，让我们体验了成长的沉甸甸的快乐。

每一个令人沮丧的信息和情境，都是以危机或挑战的形式出现的生长机遇，唯有正视它、驾驭它、超越它，才能为进一步的生长拓展空间。

教育的目的不仅在于使学生得到成长，也在于使教师得到成长。唯有处于成长状态中的教师，才能更好地为学生成长创造条件。

> 我不愿去学习那种陌生的、纯粹是为迎合那些不想跟我联系的学生的教学方法；分离的教学违背我自己的自身认同和完整，只会使得情况更加糟糕。于是，我想学习如何整体把握我自己独特身份中相矛盾的两极，拥抱那深层对立的真理——我的自我意识深深依赖于我的舞伴的同时，即便没有人想与我共舞，我也仍然拥有自我。

四、凝聚在伟大事物周围的共同体

形成共同体是优质教学的另一关键。在共同体形成外在的形状和形式之前,它一定要在完整的自我中生根;只有当我们充分认识自我之后,才能与别人和睦相处。共同体是个体内部不可见的魅力的外部可见标志,是自身认同和完整与世界联系的交融。

教学就是要开创一个实践真正的共同体的空间。

在客观主义的认知神话中,真理从上向下流动,从了解真理的合格专家流动到只有资格接受真理的外行。在这个认知神话中,真理是关于客体的假设,教育是把这些假设运送给学生的系统;受教育就是记住并且重复专家的建议。

真正的共同体则代表着不一样的认知。真正的共同体犹如真正的生活,不存在纯粹的知识客体,也没有绝对的权威,教育不是传送关于真理的假设。在真正的共同体中,认知、教学和学习的过程看起来更像市民大会和热闹集市。

占据了共同体注意中心的,是与位于客观主义阶梯顶端的客体相对照的一个主体。在真正的共同体中,连接着所有关系的核心是主体本身;真正的共同体不是线性的、静态的、分等级的,而是圆形的、互动的、动态的。

在帕克·帕尔默看来,真理不是认知的客体,不是可以精确知道的事物本质或发展规律,真理是一个动态的过程:

真理是怀着激情和原则就重要事物进行的永恒对话。

若不是这样的话,认知的进程早在很久以前就完全停止了。关于世界真相的求索,人类自其诞生以来一天也没有停止过,人们总是在刚刚庆祝获得新知的下一刻,就用挑剔的目光打量刚刚取得的成果。

无论你信与不信,确实有一个神圣的主体,位于我们注意的中心,主体拒绝被局限于现有的结论中。主体有着活生生的生命,它在那里,不停地呼唤我们去深入发掘它的秘密。

"伟大事物"——帕克·帕尔默这样称呼求知者永远聚集其周围的主体。伟大事物不是研究这些主体的学科，也不是关于它们的课本或者解释它们的理论，而是这些视为主体的事物本身，如生物学的基因和生态体系、人类学的人为现象与族裔、工程学的材料的限制与潜能、管理学的系统逻辑、历史学的奇特和模式、法学领域里难以捉摸的正义观……

伟大事物拥有神圣的生命，它们与人类同等重要、一样强大，有时甚至比人类更重要、更强大。在帕克·帕尔默看来，只有认识到这一点，认知、教学和学习才有可能根植于神圣的土壤，教师才能从其日常工作中获得一种神圣的感觉。

同意这样的说法：

> 优质教育可能至少在一段时期内令学生感到深深不满。我不是指出自对听视、不连贯或无技能的教师的不满，而是指即使是已被优秀教师很好地对待的学生，偏见受到挑战，自我感被动摇时，也可能气冲冲地离开。这种不满可能代表着真正的教育已经产生了。学生可能要过许多年才会感谢一位曾令他不满的教给他真相的教师。

对此，我要说的是，即便学生永不感谢、永不理解，我也不会为了迎合他们而改变自己的坚守。除了学生，在我心中占据最高位置的，还有伟大事物。

一切服从学生发展的需要，一切服从伟大事物向着我发出的召唤。站在表面和短暂的立场，当两者看起来矛盾的时候，服从伟大事物——哪怕学生永不感谢、永不理解——这样做，既是为了自己，也是为了学生。这话听起来很矛盾，明晰出它们的时候，我的心中充满了完整与自信的感觉，而且以为：不需要再多解释。

一切文字都是写给一部分读者看的，正如再伟大的教师，也不能同时满足所有学生学习的需要。最接近于优质的教学方法，乃是最契合教师自身特点的方法。人唯有诚恳、友善地对待自己的内心，才可能诚恳、友善地对待世人。

五、以主体为中心的微观教学

在一个以学生为中心的环境中，教师会放弃领导权，对于个人或团体的无知和偏见，师生很难予以正视和纠正。"你有你的真理，我有我的真理，我们不必考虑它们之间的差异。"

在一个以教师为中心的课堂上，教师是知识和真理的代言人，被学生捉住的矛盾和失误，会令教师感到失败或恼羞成怒。

在一个以主体为中心的课堂上，共同体所围绕着的中心，不是学生，不是教师，也不是教材内容，而是伟大事物。所以，矛盾给人捉住也可以代表成功。现在我知道了伟大事物真实地存在于我们中间，所有用心注意的学生都可以检验我、纠正我；在这一刻，伟大事物不再局限于教师对它做出的描述。学生可以未经中介而直接接触主体，学生可以运用他们的知识挑战我的结论，卓越的教学就是这样赋予主体和学生以自己的生命。

在一个以主体为中心的课堂上，教师的核心任务就是要为伟大事物提供一种声音、一种能力。真理好像是由它自己说出来的，是它自己使得学生可以听见、可以理解的。

第一章提到的那位导师，虽然他在课堂上滔滔不绝，然而，课堂的中心却不是导师自己。通过讲演，导师把伟大事物置于学生注意力的中心，学生围绕在"社会思想史"的周围，形成学习共同体，并且开始与它互动。

在一个以主体为中心的课堂上，教师最重要的需要可以得到尊重：教师可以，而且必须是富有激情的。激情使得教师更为出色，激情令教师把富有感染力的能量带进教室。在形成学习共同体的过程中，这股热情自有其深层的功能：对主体的激情把主体而非教师推进了学习圆圈的中心；而且，当一个伟大事物牵动学生的情绪和思维的时候，学生就直接获得了学习和生活的能量。在这一过程中，教师和伟大事物、教师和学生之间的关联，一次比一次紧密；教师的生命，也一次比一次完整。

在一个以主体为中心的课堂上，学生的需要也得到充分的尊重：

学生被引进一个比他们的经验和自我世界更大的世界，个人疆域得以拓展，基于学习共同体的归属感得以深化。

教学就是要开创一个实践真正共同体的空间。教师不应当用信息和自己的想法把空间填满，而要多花时间营造一个学生与主体及彼此之间对话的空间。然而，我们根深蒂固的责任感则要求我们为所任学科负责，为学生的升学就业负责，用知识和信息"覆盖整个领域"。

这种责任感无可厚非。解决问题的办法在于把这对显性矛盾转变为一组悖论：既尊重一定要学会的内容，也尊重学习过程中所需要的空间。为此，教师在课堂上所提供的信息应当是精选的、必需的和重要的。确保这些少量而重要的信息足以代表整个庞大领域以及我们试图认识的伟大事物。

全息摄影令帕克·帕尔默得到巨大启发：全息摄影的每一个部分都含有整体所拥有的全部信息；拿起全息摄影的任何一个部分，你都能完整地重建它。

> 所有学术科目都是从"一粒沙"去观察它们自己的世界。所以为什么我们仍要把满满一车的沙子倒给我们的学生，令他们看不到全部、对所有事物都一知半解，而不是拿起一粒沙子让他们学着自己去瞧瞧看？对一门学科表示敬意的最佳方法可以是少而精，为什么仍要不断想去覆盖整个领域呢？

> 每一门学科都有其内在逻辑……以至于每一块关键组件都包含重组整体所需的信息——如果用激光照射，一组有高度组织结构的光就会把所有一切重组。这组激光就是教学行为。

每一本不朽的文学巨著中都有一个段落，当你深入理解它时，就能明白作家如何展示人物个性，建立紧张局面，创造戏剧性的场面。理解了这些之后，学生就能更有见解地看完余下的部分。每一篇臻于完美的诗歌，总在若干词句中隐藏着通往诗人内心的暗道。按动它，作者的心门就自动敞开，所有的景状和事件都开始自动向你说话。

伤其十指，不如断其一指；集中精力打歼灭战，这是军事常识，也是教学中应当遵循的高明策略。这样的教学，帕克·帕尔默称之为"微观教学"。

把教学空间向学生，同时也是向教师自我和伟大事物开放，不仅需要对于"学习共同体"和"伟大事物"有着深刻认同，也需要过硬的技术手段。很多情况下，教师之所以不开放教学空间，不是不愿，而是不敢。因为开放空间比填满它们需要更多的技巧和权威。

在帕克·帕尔默这里，开放学习空间、营造学习共同体、使伟大事物置于学生注意力中心的做法是提问——《被压迫者的教育学》的作者保罗·弗莱雷也是擅长此道的高手。

帕克·帕尔默以为，在第四章中，教科书就概念和指标是怎么说的？是关闭空间的问题。"这张四格统计表格能说明什么问题呢？"是过于开放，让学生不知所措的问题。能真正帮助学生学习的问题，正好处在两极之间。比如："假如你是这些研究人员中的一员，你会如何决定你的主体属于哪个种族？"

好问题既具吸引力，又呈适度开放状态；好问题可以把师生之间的个别问答，变成在教室里到处反弹的公共对话。

在《赠汪伦》的教学中，点燃并激活学生，使得"李白的浪漫主义创作风格"这一主体得以"自动呈现"的，就是这样一个适度开放的"好问题"。教学过程大致如下：

一、回顾同为离别题材的唐诗：《芙蓉楼送辛渐》《别董大》《送元二使安西》。

二、讨论两种人之常情。

1. 人生自古伤离别。好友分离，多是依依不舍的。

2. 话不投机半句多。不投缘的两个人不会为离别而伤心，伤心什么？早走早好，高兴还来不及呢。

3. 扣住"踏歌"，体会汪伦的心情。

拿出准备好的磁带，播放《小白菜》《红蜻蜓》《中国少年先锋队队歌》，它们分别是凄凉、舒缓和激昂欢快的。经过一番令人捧腹的尝试，学生找到了"踏歌"的感觉，发现可以"踏而歌之"的只有《中国少年先锋队队歌》，它是轻松、欢快、令人振奋的。

由此可以想见：汪伦所踏之歌必定也是轻松、欢快的；汪伦的心情必定也是轻松、欢快的，绝无好友远别"应有"的伤感。

4. 讨论李白其人其诗。

师："桃花潭水深千尺，不及汪伦送我情"——呵，感觉好着呢！在他看来，桃花潭水的深沉、清澈，正好比汪伦对自己的情谊，又深厚、又真挚。这中间必定是有原因的，否则，我们可以说李白这人自作多情、恬不知耻啦！（笑声）

学生1：我觉得李白的感觉是对的。如果汪伦不喜欢李白，就不来送行了。

学生2：汪伦仰慕李白，所以才特意请他。能结交鼎鼎大名的诗人，他已经感到很荣幸、很满足了。

学生3：老师说过，李白"一生好入名山游"，所以汪伦要用快乐的歌声为他送行、为他祝福。

学生4：李白走遍名山大川，朋友遍天下，离别是常有的事。如果分别一回就伤心一回，那他还怎么云游，怎么写《望庐山瀑布》《早发白帝城》和《望天门山》呢？

学生5：李白和汪伦都是豪爽之人，所以，他们谁也不为离别忧伤。

师：是的，在离愁别恨之外，世界上还有另一种友情在：相聚须尽欢，分别不忧伤，这也是一种很健康的生活态度，我们可以说它是——

学生1：潇洒。

学生2：豪放。

学生3：这就是浪漫！

师：对。这就是李白，这就是浪漫。它可以表现为《夜宿山寺》的奇思妙想，可以表现为《望庐山瀑布》的雄浑壮阔，也表现为《赠汪伦》的洒脱豪放。

六、"当我教得最好的时候"

在教师工作坊,帕克·帕尔默让教师填空:"当我教得最好的时候,我就像 _____ 。"帕克·帕尔默要求他们尽快完成,马上接受发自内心的影像,抵抗任何审查或修改的诱惑。

练习中,一个隐喻从无意识中浮现出来,其中所包含的洞察力是理性思考无法达到的。那些做练习的教师为自己提出许多成功时刻的隐喻:一道瀑布、一名爬山向导、一名园丁或者一个天气系统。

当教学处于最佳状态,帕克·帕尔默觉得自己像头牧羊犬,是那种专门在野外赶羊的苏格兰柯利牧羊犬。牧羊犬的职责在于:维持一个使羊群能活动和吃草的空间;它把羊群聚集在那个空间之中,找回走失的羊;它保护空间的边界,把掠夺者阻拦在外;当放牧地的草吃光了,牧羊犬和羊一起转移到另一个空间。

在"牧羊犬"管领的空间里,学生必须自己喂饱自己,这被称为主动地学习。为此,帕克·帕尔默要把他们带至可以得到食物的地方:一个好的课本,一个预先计划好的练习,一个启发性的问题,一组纪律良好的对话。然后,当他们已经知道在那个地方能学到什么知识时,帕克·帕尔默领他们转移到下一个牧场。

为了不让群体涣散,牧羊犬会吠叫、警觉并对固执、顽劣和干扰的行为及时阻止。假若顽劣者经过反复警告还是一意孤行,牧羊犬会情愿让其面对野狼带来的劫数,也不会牺牲整个羊群。一只牧羊犬会"心慈手辣",而不是扮演"老好人"的角色。

牧羊犬的影像为帕克·帕尔默作为教师的自身认同和完整提供了线索。他清醒地认识到:自身认同和完整不总是耀眼的事物。在教学的任何阶段,教师的自我是关键,然而发掘和形成完整的自我,却并非要求教师朝着完美英雄的方向去刻意地塑造自己。真正的英雄,无一不是活生生的性情中人;真正的英雄,无一不是沿着自己固有秉性所暗示的方向生长并开放出来的人性之花,绝不是别人或者自己按照一个外在的模子雕刻而成的。

每个成功时刻浮现出来的影像,除了其显而易见的功能之外,一定有它的阴影部分。牧羊犬的阴影似乎更明显，帕克·帕尔默把学生比作"羊群"，这既承认了自己的不足，更显示了源于自我的充沛的教学勇气。帕克·帕尔默以为：如果牧羊犬的隐喻能够让教师对阴影的出现保持警惕，那么，事情就会朝着更好的方向发展。

我深深喜欢第六章关于牧羊犬的第二节《对话的新主题》。因为它再次提醒我们记起一个往往有意不肯面对、不愿承认的事实：没有一个教师可以同时满足所有学生的学习需要——如果竟然可以，那就意味着学生之间不存在个性、爱好和价值观上的差别乃至迥异。况且，无论教师教得多好，也必定有学生更喜欢另一门功课——或者根本就不愿意学习。教师能做到和应当做到的，是尽量多和尽量好，若以全部满足来要求，那么世上将没有人可以站在讲台上了。

  如果想要在实践中成长，我们有两个去处：一个是达成优质教学的内心世界，一个是由教师同行组成的共同体，从同事那里我们可以更多地了解我们自己和我们的教学。

  世上只有一种诚实的方法可以用来精确地评价多元化的优质教学，就是身历其境。我们一定要观察彼此的教学，起码要偶尔做到这点，而且我们一定要花更多的时间讨论彼此的教学。

由志趣相投者所组成的共同体中蕴含着教师成长的另一丰富资源，打开教室的门，破除孤立主义的堡垒，淡化教师职业的私密色彩，这是实现教师专业成长的必经之路。

敞开门后，会听到很多忠告。这时教师需要牢记的是：无论你怎么做，别人总能从他们自己所在的角度提出很有道理的建议，听取所有意见的一堂课，必定是个杂乱、僵死的拼盘，面对这样一个拼盘，大家可能更喜欢当初那个不够完满的、教师自己的课堂。

不存在可以普遍适用的优质方法，对你而言，最好的方法，是由你的本性生成出来的那一种。教师首先要做的，是形成自己，然后作为一个相对完整稳定的动态结构，加入教学共同体中，按照自身发展的需要，接纳一些意见，谢绝另一些意见。什么都听，就什么都不是。学生对教师是有很强适应力的，那种过分谦虚，忽东忽西，总在变动中的教师，反而会让学生无所适从，学无所得。

"当你教得最好的时候，你像什么？不许细想，立刻回答！"

"像妈妈。那时候我觉得每个学生都是我的孩子，我跟他们好亲；那时候无论课堂上出现什么情形，我都能平和愉悦地面对，而且处理得很好，一切意外的插曲都可能成为新的亮点。"正在哺乳期的小安说。

小安的教学过于慈柔吗？如果小安没有首先让自己的课堂成为温暖柔韧的生命体，补钙，又从何谈起？

"像一个演说家。我前所未有地能说。我一边说一边惊讶自己怎么那么能说。学生听呆了，而我自己呢，回头想想，都不知道扯到哪里去了。"

是的，那时的小舒是散漫和自我陶醉的，可是如果教育的范畴不仅限于教材和教参所圈定者，那么这一激情洋溢、真情流露时刻对学生的影响、对教师心灵的滋养，都是弥足珍贵的。

"你呢？"小安反问。

"像一个高明的钢琴师。"

开头如爆竹之燃放，突如其来；结尾如钟磬之轻叩，余音绕梁；该问处问，该议处议；高潮迭出，起伏有致，调动学生的情绪，像乐师按动琴键一样得心应手。而那淙淙涌出的乐曲，竟然是深藏心中——此前的自己，竟然全然不知。谁能把激情演奏中的琴师和钢琴分开？谁能把艺术家的技艺和对音乐的感悟分开？

那时候，琴师是我；琴键是学生也是我自己；音乐则是不可复制的话语和情绪，灵感一样神奇美妙，涌自教师自我的深处，也涌自学生内心的深处。

是的，琴师是我，琴键是学生也是我。我不必为这个比喻惭愧，当学生回应教师的叩击的乐声激荡并辉煌了教师生命的时候，教师对应于学生的影响又何尝不是如此？

我听一个学生说，她描绘不出好教师是什么样的，因为彼此之间的差异太大，各有千秋。但是她可以向我描述不好的老师都是什么样的，因为都是一个样："他们说的话在他们面前漂浮，就像卡通书中气泡框里的话一样。"

科学的头脑，
母亲的心肠

—— 读《家庭教育》

> 这本书出来以后，小孩子可以多发些笑声，父母也可以少受些烦恼了。这本书是儿童幸福的源泉，也是父母幸福的源泉。著者既以科学的头脑、母亲的心肠做成此书，我愿读此书者亦务须用科学的头脑和母亲的心肠去领会此书之意义。我深信此书能解决父母许多疑难问题，就说它是中国做父母的必读之书也不为过。
>
> ——陶行知《序言：愿与天下父母共读之》
>
> （引自《家庭教育》，以下凡引此书，不再注明出处，只以仿宋体显示）

1925年，陈鹤琴先生的《家庭教育》出版。光阴荏苒，岁月流迁，转眼之间，几十年过去，今天的父母对于教育的重视已非昔日可比，今天的父母能够读到的教育书刊已不胜其多。然而，在我看来，成书于20世纪初的《家庭教育》，依然不失为中国父母的第一必读之书。

它也是教师的必读之书。第一，教师可以借此书的指导，使自家孩子成为可爱的儿童。唯有先让自家孩子到处受欢迎了，才有资格担当起教育别人孩子的重任。第二，在普通人眼里，教师自然都是比较懂得教育的，家庭教育遇到困惑，大家都是比较愿意向教师请教的。教师又可以借着此书的观点，给别人提供负责任的、有价值的答复。

迄今为止，读过的教育理论已有十来本。其中，洛克的《教育漫话》和陈先生的《家庭教育》论域同在家教范围，潜在的读者也都是为人父母者——希望孩子终能成器者。就家庭教育的基本观点而论，他们是相通的、一致的：都视身体健康为第一重要；都看重环境和玩伴对于儿童的影响；都把守秩序、讲卫生、懂礼仪、有爱心，不失天真烂漫视为儿童可爱的标准；都主张绝不姑息迁就孩子的缺点，必要时就当施与惩戒乃至体罚；都强调父母的威信和榜样作用……然而，阅读中，两本书给人的感觉却是一冷静,一温热。究其原因,差别的根源在于两位教育家所站的角度不同。在洛克那里,较多哲学大家的深刻和家庭教师的严厉;在陈先生这里,则更多学者的温良和父亲的慈祥。

他是一鸣、秀霞的爸爸,他也是青儿、小香、文煊、芝英等小孩子的邻家叔叔。虽然当时社会状况令人悲愤的很多,虽然当时教育状况令人痛心的很多,对于不幸儿童的同情,对于愚昧父母的叹息,对于恶劣世风的痛心在书中随处可见,但是这些记录和感慨给予我们的感觉,却并非黑沉沉、阴森森的压抑和窒息,作者记录这些、议论这些,恰是为了说明教育尤其是家庭教育的重要性和迫切性。

也许,每一个热衷于教育的人,在其内心深处都是热爱世界、对世界充满信心的。

因此,舐犊之爱的处处流溢也好,不平则鸣的忧忿叹息也好,书中随处涌动着的,是父亲对于孩子、教育家对所有儿童的关爱和期待。语言通俗、朴素无华,即便是不识字的老人家,也能靠着听读而完全懂得书中每一句话的意思。这是学贯中西的教育大家的经典之作——在家里,他和一鸣、秀霞是只说英文的。成就了这些文字的、浸透于文字中的,是作者对于亲人、儿童和国家的深挚的爱。

事例丰富是此书的一个重要特点。一百多条举例当中,来自其子一鸣的,就占了73条。实实在在,作为我国现代幼儿教育奠基人的陈先生,是拿自己的家庭,做了教育实验的中心——皮亚杰也是这样做的。

杜威说过大意如此的话:社会能够给予孩子的最好的教育,应当就是一个母亲期待自己孩子能够得到的教育。"我们看他教一鸣觉得他是个母亲化的父亲,姊姊化的父亲,但他从没有失掉父亲的本色。"陶行知先生在序言里如是说。

一个"母亲化的父亲",出于一副母亲的热肠,用一个父亲的理性记录下自己儿女和身边孩子的教育状况以及思考——这便是此书特别值得一读的原因所在。

从前写教育理论的读书笔记,总忍不住要拿自己儿子、自己学生说事。这次的例外,实在是因为再无必要。

本书的好处若要一一历数是很难的,下面单说印象最深的四点。

一、习惯

习惯养成性格,性格决定命运。

陈先生高度重视让儿童自幼养成良好习惯,尤其是卫生习惯,因为它直接决定了孩子一生的健康状况。为此,陈先生特意用两章的篇幅,将穿衣、刷牙、洗脸、吃饭、午睡、便溺……应当怎样做,为什么一定这样做,一一论说,一一举例,真是用心良苦,不厌其详。

> 健康之精神寓于健康之身体,这是对于人世幸福的一个简短而充分的描绘。凡是身体、精神都健康的人就不必再有什么别的奢望了;身体、精神有一方面不健康的人,即使得到了别的种种,也是徒然。
>
> (约翰·洛克《教育漫话》)

这是《教育漫话》的开篇语。

然而,中国的陈先生和英国的哲学家还是不同的。相比之下,中国父亲的用心,更细致、更精当。单看睡觉一条,陈先生郑重其事定为"原则"的(其实也是陈氏家规)就有六条(详见第六章《卫生上的习惯(续)》)。

> 原则十六:小孩子吃午饭后,最好安睡一点中觉。
>
> 原则十七:小孩子晚上未睡以前,应当有适当的娱乐。
>
> 原则十八:小孩子夜里睡眠的时候,应当穿睡衣。
>
> 原则十九:小孩子不应当有人抱了睡。
>
> 原则二十:不准小孩子点灯而睡。
>
> 原则二十一:小孩子最好独睡一床,独睡一室。

好习惯让人一生受益无穷,坏习惯则会给自己和别人带来很多痛苦和烦恼。好习惯、坏习惯主要都是在家庭里养成的。良好的生活和行为习惯,是父母能够和应当给予孩子的最好、最重要的馈赠。养成良好习惯是要付出心力的,它不仅需要爱心、耐心,也需要理智、意志。

为此，陈先生主张：父母确认正确的原则性规定，一定在家中不折不扣地执行，直到养成习惯。习惯一旦养成，还要小心坚持，不能因为外来因素的干扰或者父母、孩子的懈怠而使好习惯中断，使从前的努力前功尽弃，也不能为了革除一个坏习惯而养成另一个坏习惯。

父母对孩子要少用命令的口吻，但是命令一旦发出，就要坚决执行。基于理性之爱的父母威严，其实也是孩子健康成长的前提和保证。

这是陈先生在很多事例中多次陈述的观点，也是洛克再三强调的。

二、尊重

作为儿童心理学家，陈先生所提教育主张，都是基于对儿童心理，其实也是原初意义上的人类本性的深刻理解。尊重儿童，如同尊重成人，关注孩子的健康，顾惜孩子的面子，满足孩子正当的需要，体恤孩子的内心情感，把孩子当人待。尽量让孩子处在一种积极的、阳光的心态之中，这是贯穿全书的基本观点。

且看第三章《普通教导法》所立原则。其中每一条原则，都有或正或反的事例加以说明。

原则一：对于教育小孩子，做父母的最好用积极的暗示，不要用消极的命令。

原则二：积极的鼓励比消极的刺激好得多。

原则三：小孩子既好模仿，做父母的一方面要以身作则，一方面还要替他选择环境以支配他的模仿。

原则四：做父母的不可常常用命令式的语气去指挥他们的小孩子。

原则五：做父母的不应当对小孩子多说："不！不！"事属可行，就叫他行；事不可行，禁止他行。

原则六：别人做好的事情或坏的事情的时候，做父母的应当以辞色来表示赞许或不赞许的意思给小孩子听，给小孩子看。

原则七：我们应当按照小孩子的年龄知识而予以适当的做事动机。

原则八：待小孩子不要姑息也不要严厉。

原则九：不要骤然命令小孩子停止游戏或停止工作。

原则十：做父亲的应当同小孩子做伴侣。

> 有一个孩子每天向前走去，
>
> 他看见最初的东西，他就变成那东西，
>
> 那东西就变成他的一部分。
>
> （惠特曼《有一个孩子向前走去》）

模仿是儿童的天性。父母是儿童第一个和最重要的模仿对象。古今中外的教育大家，无一不把"言传身教"视为教育的第一法宝，无一不把"以身作则"定为为人父母者的第一训诫。在第九章《做父母的要以身作则》里，陈先生更用事例谆谆教诲。

原则一：做父母的待子女要公平。

原则二：对于教育小孩子，做父母的应当在小孩子面前取同一态度。

原则三：做父母的对待子女应当有相当的礼貌。

……

三、责罚

当然，小孩子并不总是乐意服从大人的教导，哪怕是陈先生这样原则正确、方法得当的教导。那么怎么办呢？这个时候，陈先生作为父亲的科学的、刚性的一面就显示出力量和作用了。

> 我因为他自己乱拿东西是不好的行为，而且这是第一次他自己拿东西吃，若第一次不禁止他，下次他就要格外大胆做了，所以我叫他到房里去，重重地打了他一顿。自从那次之后，从没有发现他第二次自己拿食物的行为。

> 小孩子大多数很高兴去玩东西，而不高兴去整理好已经玩过的东西，所以做父母的应当督察他，帮助他，诱导他，如果他不听，那就应当强逼他。

> 又有一天，在吃饭以前，他要吃糖，他祖母去拿了一颗来给他。我不答应，不许他吃，他就躺在地上大哭。我们也不去睬他，他

要哭就让他去哭,他要撒蛮就让他去撒蛮。后来他无法可施,只得不哭了。

这样的叙述,随处可见。它们和"尊重""游戏""伴侣""公平"……字眼和谐地共处一书,使得陈氏家教理论因而显得恳切、清健、立体,既骨骼强劲又血肉丰满。

第十一章的标题干脆就是"我们应当怎样责罚小孩子"。所以,在陈先生这里,在所有怀抱理性之爱、充满教育智慧的大家那里,责罚都是必不可少的手段。

四、阅读的环境

这是第十三章《为儿童造良好的环境》中最后一节的小标题。在游戏的环境、劳动的环境、科学的环境、艺术的环境之外,完整录下这一节的全部文字,在我是用心良苦的。

作为一个"书籍力量"的无限信仰者;作为一个自觉的儿童阅读推广人;作为一个以班级为基点,竭力提倡亲子共读的普通教师,提到读书、提到儿童阅读、提到家庭阅读,我实在有一副太热的心肠。

我写这篇文章的一个重要意图,就是想让年轻父母借此一文、一书的机缘,使他们的家庭成为书香蕴藉的美好所在。

因为这篇文章的原因,若干年轻父母捧起了《家庭教育》;又因为下面大段摘录的原因,若干家庭从此或浓或淡有了些书香的气息——假使如此,那是我的幸福。

且让我怀着深切的同感,痛感,一字一句录下这些文字。

> 在外国不少地方,看书的环境,到处皆然。在火车上、电车上、轮船上,差不多个个人不是看书,就是阅报。有一次我经过东京,看见黄包车夫在没有生意的时候,也看报纸。拉我的车夫告诉我:"现在上海霍乱很厉害。"他说是从英文报上看来的,一个黄包车夫竟然也爱看报,这种习惯多么好!这种习惯影响小孩子多么大!试问我们中国的家庭怎么样?我们的社会怎么样?没读过书的固

然可以不说,但是读过书的,又怎么样呢?不少受过教育的男女出了学校之后,对于看书,也都没有大的兴味,好像书是属于学校的,于本身的职业,于本身的修养,于本身的娱乐,是没有多大关系的。实在要叹有许多人对于世界大事的认识程度是非常浅陋的,就是对于国内的事也不甚关心,什么各种科学上的新发明,史地上的新发现,都置若罔闻。这种环境,怎样能引起小孩子喜欢看书阅报呢?

所以,要小孩子喜欢阅读,我们的家庭,我们的社会,必定要先有阅读的环境。在家庭里,做父母的,自己一天之间,总要看看书,看看报;对于小孩子,我们也应当买给他各种相当的儿童读物。开始的时候,做父母的还应当好好地指导他,引起他的兴趣,使他喜欢阅读哩。

"唯一而且最重要的"

——关于《朗读手册》的若干断想

一、雨中

8月16日，雷电交加、大雨倾盆的晚上。

在大街小巷一片汪洋的古都南京，在干净舒适的宾馆里，《朗读手册》在手，书页的清香有如亲爱者的鼻息，丝丝缕缕萦唇绕舌。轻易地，我便从刚才的失魂落魄进入一个清明安详的境界。

雷声、风声、雨声，因为积水而趴窝、而堵塞的汽车纷纷吼出的喇叭声——所有一切，都因密封的窗户，变成了遥远的滂沱雄浑的背景音乐。

> 你或许拥有无限的财富，
> 一箱箱的珠宝与一柜柜的黄金。
> 但你永远不会比我富有——
> 我有一位读书给我听的妈妈。
>
> （引自《朗读手册》，以下凡引此书，不再注明出处，只以仿宋体显示）

在"朗读禁忌"中，吉姆·崔利斯如此告诫大家。所以要絮絮叨叨，所以要写出上面以及下面许多"不关本书"的私话，只是因为：对于《朗读手册》，我存有一份个人情感。且我以为：唯有个人情感，才是真实可靠的；同理，教师唯有出于个人爱好，而非出于教学必需的使命感，其阅读动力才有可能是长久、新鲜和充沛的。

二、山上

"范美忠，给我说说尼采吧。"

8月14日，在峨眉山道上，我恳求一位博学的朋友。

"对不起,很久没有重读尼采,我已经记不得他的任何一句原话了。对于一个诗性的哲人,对于任何一个伟大的作者,在不能念出原文原句的情况下,我无法开口说感想。所以,今天不谈这个。来,我们接着说《野草》吧。"

多么帅气、纯净和诗意的拒绝。这一拒绝,尤其是拒绝的理由,让我觉得有无比的亲切与明澈,这是同类之间惺惺相惜的亲切与明澈。

"于浩歌狂热之际中寒;于天上看见深渊。于一切眼中看见无所有;于无所希望中得救……"

"漂渺的名园中,奇花盛开着,红颜的静女正在超然无事地逍遥,鹤唳一声,白云郁然而起……这自然使人神往的罢,然而我总记得我活在人间。"

于是,兴致勃发的我,在"四季如冬"的清冽的山风中大声念诵,博学的朋友则随背随和——议论风发,感慨万端。多么难得的快意时刻。

我所认识的爱书之人分为两种。一种是懒于记诵,但能活学活用,以书籍作为装备和武器的;一种是像我这样,首先因为文字而恋上一本书、一位写者,思想与见解倒在其次,用处之有无更不考虑。对于读书,我们希求的,不是为我所用,而是颠倒沉吟、不知今夕何夕的那份超绝尘世的快乐;是在陶醉中"以得生命的沉酣的大欢喜"。

我们是这种怪人:一天不读书——至于我,是一天不朗读,就像一天没有吃东西一样,饿得难受;又像一天被囚在门窗紧闭的斗室一样,憋得痛苦。

在我这里,培养学生成为终身读书人,既是职责所在,也是私心所欲——怕孤独的,总是希望像自己的人,能够多些、更多些。

现在,有这样一本书,它诚恳地告诉同胞:为了国家免于在世界竞争中落败,为了人民免于因为无知而堕入贫穷和罪恶的深渊,必须使更多的美国孩子成为终身读书人。它还告诉世人:成书之时,全美在校学生正普遍处于阅读兴趣匮乏、阅读能力降低的学力枯竭状态,这种状态如不改变,教育的发展、社会的进步乃至国家的进一步强大,都无异于无源之水、无本之木。为此,各方面的学者、专家忧心忡忡,纷纷研究对策。经过了反复而谨慎的寻觅、探讨和比较,他们最终达成的共识就是:朗读——父母为孩子朗读,教师为学生朗读,是解决这一教育也即国家危机的"唯一而且最重要"的方法。

海外知音啊,爱诵如我备受鼓舞。

三、广告

我用背诵的形式为经典做广告。方法很笨,但效果挺好。原因只有一个:我是真诚地喜欢经典,喜欢到非诵不可的。于是,我的对于经典的热爱,便随念诵融在并非悦耳的声音里送至听众心田了——所能具有的感染力,全赖原文原句的完满美好和一己私心的热切真诚。

没有离开了好文字而可以坚固存在的好意思,更不要说远播并为人所接受了。

下面是一些深深打动我的句子及统计数据。虽然作者是美国人,虽然他说的是大洋彼岸的事情,但本质意义上的教育问题是普遍的、无国界的。读过全书,你将更加觉得,吉姆·崔利斯当年所操心的,就是中国目前所遭遇的。其间的热切和忧虑,是每一个教育工作者,尤其是语文教师,瞬间就能感同身受的。

> 这得从 20 世纪 60 年代说起,当时我是两个孩子的年轻爸爸,为马塞诸塞州一家日报写文章,还从事艺术创作。每天晚上,我为我的一个儿子和一个女儿读书。那时我一点也没有意识到这对孩子的认知与情绪发展大有帮助,更没有意识到这对孩子的词汇量、注意力和对书的兴趣影响深远。我给孩子读书只有一个原因——我爸爸给我读书。由于我爸爸给我读书,因此当我做爸爸时,我本能地认为自己应该继承这个传统。
>
> 为什么这些孩子如此热衷于阅读,而走廊对面的班级却完全不阅读?相同的校长、相同的年级、相同的教科书,这究竟是怎么回事?
>
> 进一步探究后,我发现差异就在于站在教室前面的那个人——老师。几乎在每一个热爱阅读的班级中,老师都定期地给学生们

朗读。

男孩只看到爸爸一个劲儿地专注体育,由于体育在家庭与文化环境中无时无刻不存在,他自然比较重视运动,而不怎么重视学习。其结果当然是体育分数高于其他学科分数。

奇怪的是,这种"笨爸爸"似乎影响所有教育程度的家庭。一项比较穷困家庭与父母大学毕业家庭的研究发现,在给孩子读书的时间上,父亲只占15%,母亲占76%,其他人占9%。两种类型的家庭皆是如此。

孩子在家里很少看到或听到父亲读书,对养成阅读习惯很不利。
82%的受刑人员都是辍学的学生。
低识字率阶层中的受刑人员,是一般人中受刑人员的两倍。
60%的受刑人员是文盲。
63%的受刑人员是累犯。

为什么这些学生会辍学离校呢?因为他们不会阅读——这影响到成绩单。改变毕业率,就改变了入狱人数,也就改变了整个国家的风气。一个国家的高中毕业率愈高,入狱人口就愈少。

因此,由常识可知,阅读是消灭无知、贫穷与绝望的终极武器,我们要在它们毁灭我们之前先歼灭它们。一个阅读不够的国家见识不多;见识不多的国家,人民在家庭、商店、陪审团与投票所都会作出糟糕的抉择,而这些抉择最终会影响整个国家——无论是文盲与非文盲都会深受影响。

学校的教学目标应该是培养出终身的阅读者——在毕业后的人生中仍然坚持阅读与学习。但事实的真相是,我们只培养出学生阅读者——只为了应付毕业而阅读。如此一来,大多数人几乎很早就不再读书了。

给孩子朗读,能建立孩子必备的知识体系,引导他们最终踏上成功的阅读之路。朗读是唯一且最重要的活动。证据显示,朗读不只在家庭中有效,在课堂里也成果非凡。"朗读应该在各年级都进行。"

托马斯·杰斐逊曾描述过这种危险:"在文明世界中,如果一个国家想要在无知的同时得到自由,这种期盼以前没有实现过,以后也永远不会实现。"

那么我们该从何做起呢? 19 世纪 30 年代创立义务教育的贺瑞斯·曼恩的话是金玉良言,他写道:"成年人是铸铁,儿童是蜡烛。"

就让我们从"蜡烛"——孩子来着手吧!让我们用阅读委员会的研究成果来塑造他们:在每个年级都给学生大声朗读。与其他改革不同,这样做不会增加一分一毫的税金。

影响学生阅读成绩的因素主要有两个:

老师对学生朗读的频率。

在校持续默读的频率。每天持续默读的学生,其阅读水平要比每周默读一次的学生高很多。

全世界最好的准备学力测验的方法就是,当孩子还小时,在床边读书给孩子听。如果孩子觉得这是个美好的经历,他们就会开始自己阅读。

年轻父母大多认为,孩子是自动学会说话的。孩子对于电视上所看到的——尤其是广告,模仿的速度更是快,这令人啧啧称奇。对于一个广告,不论孩子看过几次,每次看广告时,眼睛还是会现出着迷的神情。

在此,我们要向广告商学习,采用他们的诀窍,销售一种名叫"阅读"的商品。

全书总计 280 页,如果我愿意——其实我很愿意,还可以这样地一路录下去。且在 28 页停止吧。喜欢一样东西,必定希望所有人都如自己一样地喜欢。我诱惑朋友亲近经典的方法就是念诵,让朋友听见封存在文字里的古酿一般醇美的声音,借此吸引他们自己去读。而他们中的不少人，也果真去读，而且是"发声读"了。

现在知道了，那其实就是在做广告。凭着直觉和一己之好所做的事情，竟然和美国阅读委员会的研究结论相契合。教育无国界啊。

不想在这里对《朗读手册》做全面的介绍和评价，那不是我擅长的。我要做的，就是吸引朋友自己去读这本书。以上所录及这篇文字，就是一个广告的意思。

吉姆·崔利斯以为：为了让孩子成为终身读书人，为了让更多的美国公民成为"阅读"这一特殊商品的终身消费者，朗读是最好的广告，是"唯一而且最重要的活动"。

"满纸书声"是我的有意为之。这是一本关于朗读的书。我希望朋友读这篇笔记的感觉，是"听见"而不是看见。

这本书不是教孩子"如何"阅读，而是教孩子"渴望"阅读。诚如一句教育格言所说："我们教孩子去热爱与渴望，远比我们教孩子去做重要得多。"

四、之后

28 页之后是什么呢？

很多精彩的例子，我最喜欢的是这两个：波士顿地区所罗门陆文堡中学校长欧尼尔在该校成绩最差的时候，担负起让已经堕落成为"疯人院"的旧日名校东山再起的重任。他的做法就是：先让所有教职员工和学生在每天的最后 10 分钟进行默读；然后每一位教师负责一个教室，以 10 分钟的朗读开始每天的学习，和放学时的 10 分钟默读相呼应。第一年，陆文堡中学的成绩突飞猛进；第二年，不仅分数提高了，由于学校名气越来越大，入学人数也明显增加。

到了 1988 年，也就是改革的第三年，陆文堡中学 570 名学生的阅读成绩在波士顿市高居榜首，在招生名额之外等待入学的学生名单有 15 页之多。《时代》杂志在封面故事中介绍了欧尼尔的成功经验。

卡森太太是一个单亲妈妈，必须同时做两三份工作才能维持生计。但她的两个儿子却不像妈妈那样勤奋。她发现，只要两个孩子在家，家里的电视就从来没有关过,于是她告诉他们:"从现在开始,你们一个星期只许看3个电视节目!"

接着,卡森太太想办法去填补孩子因为不能看电视而空出来的时间。她告诉他们:"你们两个要去图书馆借两本书回来读,每个星期都要交给我一篇读书报告。"许多年后,两个孩子才知道,其实以妈妈的阅读程度,根本无法理解他们所写的读书报告。

两兄弟当然不喜欢妈妈的决定,但又无法违抗,只好照办。此后,他们的成绩稳步上升,到现在,50岁的大儿子本·卡森是世界上最知名的小儿脑部外科医生之一。小儿子班尼高中毕业之后,许多名校,如西点军校和斯坦福大学,都愿意为他提供奖学金;然而,当时他的口袋里只有10美元可以支付学校的申请费用,最后他决定进入耶鲁大学。

哥哥本·卡森认为,母亲教育成功的原因有两个:一是他母亲的宗教信仰,二是母亲限制他们弟兄俩看电视,并强迫他们看书。

在吉姆·崔利斯的讲演听众中,很多人的受教育程度比卡森太太超出3倍多,收入是她的10倍,然而在教育方面的直觉却不及她的一半。许多父母无法真正培养孩子,能做到的只是"看着"孩子长大而已,而且大部分陪伴孩子的时间是在电视机前的沙发上度过的。

除了故事,28页之后还有什么呢?很多问题的答案和建议。例如:怎么做才能延长孩子集中注意力的时间?读书给10岁左右的大孩子听,是不是在浪费时间?怎样的书才算是好的朗读材料?如果让孩子随心所欲地看任何书,但不考他,结果会怎样?我儿子爱看漫画书,这样好还是不好?为什么孩子们不再阅读经典文学作品了呢?如何在书籍和电脑之间取得平衡?家长应当如何妥善处理看电视的问题?……想知道更多吗?自己读去吧。